Rolf Friedrich Schuett

Auf dem Mars ist auch nicht mehr Leben als hier

Aphoristische Philosophie

Rolf Friedrich Schuett

Auf dem Mars ist auch nicht mehr Leben als hier

Aphoristische Philosophie

Books on Demand

Bibliographische Information Der Deutschen Bibliothek:
Die Deutsche Bibliothek verzeichnet diese Publikation
in der Deutschen Nationalbibliographie; detaillierte
bibliographische Daten sind im Internet abrufbar über
http:// dnb.ddb.de

Herstellung und Verlag :
BoD – Books on Demand, Norderstedt

Gedruckt auf alterungsbeständigem Papier
(holz- und säurefrei)

Umschlaggestaltung : E. L. Schmidt

Printed in Germany

ISBN 978-3-7528-2200-7

INHALT

Für Elke

Aphoristische Philosophie

„Groß sind die Werke des Herrn, kostbar allen,
die sich an ihnen freuen." *(Psalm 111, 2)*

„Die Worte des Weisen sind wie Stacheln, und wie
eingeschlagene Nägel sind die einzelnen Sprüche;
sie bleiben fest sitzen. Sie sind eine Gabe Gottes,
des einen Hirten." *(Koheleth 12, 11)*

Aphorismus : Philosophische Post in poetischer
Flasche, ins Tintenmeer geworfen.

Beschneiden ist kein Abschneiden,
doch sind Unbeschnittene schon abgenabelt?

Satiren (z.B. auf die amtierende Kanzlerin)
sind allzu oft Selbstsatiren der Satiriker.

Genußsucht will das Hungern loswerden,
Askese will Appetit machen.

Internet : Menschenliebe am, aus und auf Draht.

Einstein? Utopien sind schneller nirgendwo
als das *Licht der Vernunft*.

Medien : Mittler zwischen Extremisten?

Transparenz : Verhülltheit von Verborgenheit.

Krieg und Frieden sind Hauptziele füreinander.

Philosophiert eine Handelssprache,
entsteht *Englisch*.

Liebe : Dumm fickt Dämlich : Minutenschreie
zwischen Hass und Phlegma.

Schicksal ist gelegentlich auch Freiheit von ihm

Schicklich leben heißt, das Schicksal
geschickt zu verfeinern und dein Unglück
durch Katastrophen.

SPD-Wähler stimmen bestimmt für *soziale
Gerechtigkeit*, doch nur deren Lobpreis an.

Sind wir nun zopflos weil kopflos – o. u.?

Organisierte Kriminalität. Im Kampf gegen
o.K. geht Demokratie schnell k.o. Ist das o.k.?

Der Deutsche macht dich verantwortlich
für dein Schicksal und für sein Ungeschick
(samt Untaten).

Das Leben sollte da anfangen,
wo der *Kampf ums Dasein* aufhört.

Zum-Schweigen-Bringen ist oft am lautesten.

Todesangst fürchtet,
sie bald niemals mehr fürchten zu können.

Reiche langweilen, Arme (be)schämen sich.

Logik macht niemanden konsequenter, Ethik
nicht besser, Physik nicht natürlicher, Biologie
nicht lebendiger, Theologie nicht frommer,
Ästhetik nicht schöner und kreativer.

Ist es nur Konstruktion,
dass alles nur ein Konstrukt ist?

Plattdeutsch : Fallen Berge in Täler,
entsteht Flachland.

Ich verneine das Nichts,
doch (mit) Verneinung ist (es) auch nichts.

Vom Topf in den Kropf. Fehlen uns alte Zöpfe
und Tröpfe weil neue Köpfe − oder umgekehrt?

Kapitalisten lesen nur Grund- und Scheck-
bücher, Arbeiter nur im Kaffeesatz.
Beide teilen es, kein Buch zu lesen.

Falsche Propheten : Der Bart ist ab und zeigt
Karl Marx privat?

Morgen wird es keinen Morgen mehr geben
ohne Betongold im Mund.

Paarliebe, Tierliebe, Eigenliebe, Mutterliebe,
Kinderliebe, Pädophilie, Nekrophilie, SM,
Menschenliebe, Affenliebe : alles eine Wichse.

Theologen erforschen die Unerforschlichkeit
des Allerforschesten und sehen am sichersten
seine Unsichtbarkeit.

Religion : Pflicht der Verdammten zur ewigen
Schuldigkeit oder Unschuldigkeit?

Als der Pastorensohn Nietzsche Atheist wurde,
verkündete er den "europäischen Nihilismus",
und die alten Waldheiden im Lande folgten
ihm begeistert − bis heute.

Lassen durchhomosexualisierte Gesellschaften
des Westens sich als "patriarchalisch"
anfeinden, um die wahren Patriarchate
des Orients zu verunglimpfen?

Man liebt nur Liebesromane, stiehlt Krimis,
verfasst Schonverfasstes, liest Unlesbares
und schreibt Schriftsteller an.

Wittgenstein : Lyrik, Ethik, Musik und Mystik
der Logik.

Tot ist die Nachwelt, der Tod ist die Nachwelt
– ohne mich!

Gib dir mein Ehrenwort,
dass ich mir dein Wort gebe!

Dasein : Mein Leben ist deinem Tod,
dein Tod meinem Überleben geweiht?

Soll ich mir lieber Worte sparen
oder Papier oder Strom?

Habt eine Idee von Platon, denkt an Descartes und seid Cartesius, harmoniert den besten aller möglichen Leibnize, kritisiert Kant vernünftig, idealisiert Hegel, verändert wenigstens Marx, ballt Goethes Faust, wollt ewig Nietzsches Macht, hofft auf Bloch, trommelt auf Grass, relativiert Einstein und begehrt Freud !

Weltpolitik : Theologen verlassen das sinkende Kirchenschiff und entern wieder Staatsschiffe.

Jeder hält sich für den einzigen Humanisten und vertritt die Ansicht, nicht nur eigene Ansichten zu vertreten.

Firmenphilosophie : Liebe zur eigenen Binsenweisheit : Ball die Welt zum Begriff, blas auf das Machtwort zur Mitwelt.

Menschliches Herz : Flachkopf als Abgrund.

Giftige *Bonmots* möchte keiner gepredigt,
aber jeder geschrieben haben.

Fluß : Billigste Strom-
und Wasserverschwendung.

Leben : täglich nachts probesterben.

Literaturwissenschaft light : Inter(net)pretation
von Twitter-Subtexten.

Moderne Kunst : Schrecken der Schönheit am
locus amoenus terribilis unwissenschaftlicher
Abstraktionen.

Nichts verändert die Welt als ein Nihilismus
in und aus Heideggers „zuhandenem Nichts".

Der Sinn für Balance ist oft nur Furcht
vor grenzerfahrenen Extremen.

Thackerays "Jahrmarkt der Eitelkeiten"
endet vielleicht nur an einem Ort :
auf einem Jahrmarkt selber.

Erst wirkte es radikal, neumodischen Chic
zu zeigen, dann auch schick, damit politisch
radikale "Zeichen zu setzen".

Testosteron schafft zwischen den Geschlechtern
heute eher harmvolle Hormonie als harmlose
Harmonie.

Weltschmerz wurde ersetzt durch Umwelt-
schmerz. Beides entsteht, wenn ich die
Unzulänglichkeit der Welt mehr beklage
als die eigene. Analgetika gibt es da nicht.

Scooter-Shooter, fahrt alle, die gehen,
über die Zehen, fahrt alle, die laufen,
über den Haufen beim Kaufen!

Sozialdemokraten fallen zu Recht, seit sie
eher sozialgerecht handeln als sozial gerecht.

Janusköpfe behalten bei aller Vorausschau
ihre Verfolger und Gefolgschaft im Blick.

Yoga : Spiritual-Jogurt.

Rettet Auswanderung nach Iceland und
Grönland vor erderwärmten Sommern?

Coole Kids wollen kiffende Kerle werden,
doch fette Greise fitte Youngster bleiben.

"Der Krieg ist der Vater aller Dinge",
die Polemik die Leihmutter aller Papierkriege.

Was kost' die Welt in bar, von der du kostest
in der Feinkost-Bar? Wirklich Kostbares ist bar
aller Kosten.

Als Kostbarstes gilt, was nur ein einziger
Mensch herstellen kann. Als Wertlosestes gilt,
was nur ein einziger Gott erschaffen kann.

Hedonismus ist heute der Heroismus der
Genußspiritisten, Körnerfresser, Rohköstler,
Magermilchgourmets und veganen Gesund-
heitskoitierer.

UV-Licht ist uns so unsichtbar wie das Licht
der Vernunft, macht uns aber ansehnlicher.

Großmut ist der Hochmut und kleine Mut
der großen Tiere, Kleinmut die Schwermut
und Demut der kleinen Leute.

Judas soll 'Zelot' gewesen sein, der durch Verrat
Jesum nur zum Volksaufstand gegen die Römer
treiben wollte, doch Christi Gottesreich war
nicht von dieser Welt.

Der biblische Gott prophezeite das Scheitern
all unserer Hochkulturen, die Seine Schöpfung
verbessern wollen, und favorisierte die
Nomaden : Indianer werden alle überleben.

Etwas Bestimmtes unbestimmt zu lassen heißt
noch nicht, das Unbestimmte als Unbestimmtes
zu bestimmen, sondern bestimmt freier von
(Selbst-)Bestimmungen zu werden.

Moral: Begeisterung für geistlich Hochgeistiges

Liebe ist die Einheitssoße, die über jeden
Teufelsbraten gegossen wird, um ihn unsichtbar
und schmackhaft zu machen.

Moral ermöglicht immerhin
höheres Leben hinter ihr und der Welt.

Liebst du den Schöpfer oder die Welt,
die du dir mit ihm gegen ihn erschaffst?

Sieh weiter, als du werfen kannst,
begreife mehr, als du ergreifen willst!

Urteile werden leidenschaftslos erst
nach leidenschaftlichen Verurteilungen.

Lebenslauf: Gesetz im Gedankengang
von Gefühl zu Gefühl.

Dunkles verfälscht, wer es (er)klärt.

Wissenwollen ist Weisheit der Unwissensheit.

Der wissenschaftliche Kult der Tatsachen
ist die bewusste Kultur der Untaten.

Religion heißt weder Glauben noch Wissen.

Es gibt Feinde in derselben Welt und
Freunde in verschiedenen Welten.

Stalins Feinde werfen ihm nicht die *Gulags* vor,
sondern sie gegen die Falschen gebaut zu haben

Deus est *ineffabile* sicut individuum.

Geschichte kommt und geht, Einzelne bleiben.
Materie kommt und geht, der Geist bleibt (weg)

Geschichte : Göttliche Produkte werden unser
und unsere Produkte dann Sein Arbeitsmaterial.

Der Prophet kann heute vorhersagen,
was er übermorgen vorhersehen wird.

Bin ich soviel wert, wie ich wertvoll finde
und mich dessen wert mache?

Dichter und Denker passen mit Werken nicht
sich der Welt an, sondern ihre Unangepaßtheit.

Folgt dem irrenden Guten, nicht dem
wahrsagenden Schurken, doch versteckt eure
Meinungen in Sachlichkeit − und umgekehrt!

Logik vereint, was in Mystik eins
und in Physik entzweit ist.

Ungenaue Erfassung des Exakten ist noch
keine präzise Erfassung des Ungenauen.

Philosophie sei der Ariadnefaden
hinein ins Labyrinth aller Labyrinthe.

Nur Hochkultur bohrt tief genug,
nur Tiefgründiges ist uns zu hoch.

Man schämt sich eines fehlenden Fingers
mehr als aller Verfehlungen und Befehle.

Im Allgemeinen ist es besser, mit Gemeinheiten
zu leben als in Gemeinschaften.

Schreib und bleib weg! Ein Autor ist kein Buch,
doch seine gesammelten Werke.

Beurteile dich als schon gestorben,
da *Tragik des Lebens* die Niederlagen mildert.

Kenner müssen Könner werden
oder wenigstens das Erkannte tun.

Flieht in tote Sprachen,
um nicht in Alltagsgesprächen zu sterben!

Ist höfliche Lüge richtiger, wichtiger
oder nichtiger als verletzende Wahrheit?

Denk mal unlogisch, um richtig zu sehen,
handle unmoralisch, um gut zu sein,
und hasse, um schöner zu werden!

Ich bin zu schwach vorm Tod
und zum Gutestun. Das tut zu gut.

Verdien dir deine Geburt durch Gebären!

Man versteht es, sich und einander
ohne Verstand zu verstehen, einverstanden?

Nur durch Unbekanntes lernt man alles kennen.

Wer die Welt übersieht, hat sie verbessert.

Oben bin ich ein Teufel, unten sein Opfer.

Dem fernen Ziel reicht bloßer Versuch,
dem nahen nur der Treffer.

Wissenschaften und Künste :
Selbstvergessene Selbstvervollkommnung.

Hat es böse Folgen, wird Gutes nicht schlecht:
kann es Gutes bewirken, wird Böses nicht gut.

Aber es gibt immer ein Aber,
sollte es aber nicht geben.

Schön ist und macht, was man nicht haben will.

Lieber Sklave des HErrn als Herr der Welt
oder beides (nicht)?

Ästhetischer Imperativ : Handle so, dass
der Grundsatz deines Geschmacks jederzeit
zugleich als Gesetz einer aristokratischen
Minderheit gelten könne.

Wer Geist und Gutes hasst,
der liebt die Menschen.

Weltraum : Wie viel Finsternis
um so wenig Sternenlicht!

Gewöhnlich folge ich keiner Gewohnheit –
bin ich nun frei oder nur gewöhnlich?

Seinkönnen, Seindürfen, Seinmüssen und
Seinsollen trotzen einander kühn oder dreist.

Realität sei mehr der Rohstoff einer Idee
als umgekehrt.

Wer Ideen nur schlecht beschreiben kann,
muss noch kein guter Realist sein.

Man lebt von seinem Geist
und stirbt an seinem Charakter.

Helden werden geistreich unter Tyrannen,
Feiglinge schon unter Demokraten.

Egoisten sind keine Patrioten und diese keine
Kosmopoliten und diese keine Nomaden,
die aber wieder Egoisten sind.

Den Sieg der Körper über den Geist kann man
beweisen und beweinen, aber nicht feiern.

Wer viele überzeugen will,
darf nicht zu gut und klug sein.

Der Christ *glaubt* an Geist,
hofft auf Verwirklichung und *liebt* beides.

Wer täglich im All ist, lebt nicht alltäglich.

Freiheitsdrang will sich nur
einem anderen Ideal unterwerfen dürfen.

Sinnliches Leid hat nur übersinnlichen Sinn.
Wollen muss mehr leiden als nur Wissenwollen.

Nach einem Ding greifen heißt nicht,
alle Begriffe davon zu erfassen.

Ideen werden zu Papier gebracht,
d.h. zum Leben.

Ein großes Werk ist die Summe
aller Hohlköpfe, durch die es hindurch muss.

Der Künstler lässt sich mit größter Anstrengung
gehen und gibt sich gelassen extreme Mühe.

Logische Konsequenz muss zu realer Kausalität
werden – oder umgekehrt.

Manche Definitionen erklären bekanntlich
Bekanntes durch Unbekannteres.

Es ist ganz richtig, dass ganz Kleines
wie ganz Großes nicht ganz richtig ist.

Der fromme Mensch dient allen, da er über
alles erhaben ist, das sich nicht erniedrigt.

Liebt mich, wie ich bin : einer, der sich hasst;
hasst mich, wie ich bin : einer, der sich liebt.

Ich denke mich aus, *also bin ich* ein Gedanke.

Leide nicht, spiele Leidende leidenschaftlich!

Ist Gott die Idee des einzig Unendlichen,
das nicht vollkommen unvollkommen ist?

Zum „Ich" erhebt man, für was man alles tut.

Der Herr dient uns, der Diener beherrscht uns.

Waffennarrenfrei? Dein Colt kommt Mördern
zuvor, staatliche Monopolwaffe meist zu spät.

Todesangst flieht in zeitlos gültige Logik.

Ich liebe in dir das Gute,
das ich dir zu tun liebte.

Man soll Niederes auf Höheres zurückführen
und nicht Geist zu Geld fortentwickeln.

Wissenschaftliche Theorie macht den Blau-
mann, künstlerische Technik fast den Edelmann

Geschichte ist der ewige Prozess,
den der Mensch sich selber macht,
ohne zu einem Urteil zu kommen.

Die Renaissance beendete das finstere Mittelalter nicht, weil Platon über Aristoteles siegte.

Nicht jedes Idyll ist ein Traum,
nicht jedes Anti-Idyll schon Erwachen.

Kunst, die nie geraubt wurde, ist nicht viel wert.

Der Neujahrstag verspricht, fortan alles besser
zu machen, das neue Jahr verspricht täglich,
nichts davon zu halten.

Die *Yellow Press* ist die Hochliteratur
der Bildungsfernen; die Popliteratur
ist die *Yellow Press* der Halbgebildeten.

Der Große wird von Kleineren
gerne „Gernegroß" genannt.

Wir haben nichts zu verbergen als unsere
Undurchsichtigkeit, sagt das teure Glashaus.

Nur auf verlorenem Posten
findet man sich selber wieder.

Zoo-Bären unter Jägern auszuwildern,
erweist ihnen einen Bärendienst.

Hätte der Fortschritt vor zwei Jahrhunderten
mit der Intercity-Lok geendet, wären uns PKW
und Interkontinentalrakete erspart geblieben.

Für jemanden, der den „Satz des Pythagoras"
nie aufgestellt hat, ist der obskure Mann seit
2400 Jahren erstaunlich weltbekannt geblieben.

Selbst Bösewichte werden von ihren Opfern
gegen ihre Folterknechte verteidigt.

Der *Schwulentest* ist der moderne Phallograph,
der Männer daran hindern sollte,
sich vorm Wehrdienst zu drücken,
indem sie sich für *gay* ausgaben.

Sekundärliteratur zum Aphorismus

Gerhard Neumann (Hg.): „Der Aphorismus.
Zur Geschichte, zu den Formen und Möglichkeiten
einer literarischen Gattung", Darmstadt 1976

„Ideenparadiese. Untersuchungen zur Aphoristik
von Lichtenberg, Novalis, Friedrich Schlegel und
Goethe", München 1976

Peter Krupka: „Der polnische Aphorismus",
München 1976

Hans Peter Balmer; „Philosophie der menschlichen
Dinge. Die europäische Moralistik", Bern 1981

Harald Fricke: „Aphorismus", Stuttgart 1984

Gisela Febel: „Aphoristik in Deutschland und
Frankreich", Frankfurt/Main 1985

Klaus von Welser: "Die Sprache des Aphorismus",
Frankfurt/M. 1986

Heinz Krüger: „Über den Aphorismus
als philosophische Form", Frankfurt/M. 1988

Werner Helmich: „Der moderne französische
Aphorismus", Tübingen 1991

Stefan Fedler: „Der Aphorismus. Begriffsspiel zwischen Philosophie und Poesie", Stuttgart 1992

Paul Geyer / Roland Hagenbüchle: „Das Paradox", Tübingen 1992, Würzburg 2002²

Thomas Stölzel: „Rohe und polierte Gedanken. Studien zur Wirkungsweise aphoristischer Texte", Freiburg 1998

Lada Lubimova: „Struktur und Funktion des Aphorismus : eine textlinguistische Studie", Bremen 1998

Robert Zimmer: „Die europäischen Moralisten", Hamburg 1999

Michael Esders: „Begriffs-Gesten. Philosophie als Kurze Prosa von Friedrich Schlegel bis Adorno", Frankfurt/Main 2000

Rüdiger Zymner: „Aphorismus", In: Kleine literarische Formen in Einzeldarstellungen, Stuttgart 2002

Friedemann Spicker: „Kurze Geschichte des deutschen Aphorismus", Tübingen 2007

„Die Welt ist voller Sprüche. Große Aphoristiker im Porträt", Bochum 2010

Andreas Egert: „Der Fall Aphorismus. Zur Genese und Aktualität einer Gattung", Dresden 2015

G. K. Chesterton
Oscar Wilde
Heinrich Heine
Johann Gottfried Seume
Elias Canetti
Georg Christoph Lichtenberg
1742–1799
Johann Wolfgang Goethe
Theodor W. Adorno
Sanhuru, Wahdiener
Christian Morgenstern
Ludwig Marcuse
Heimito v. Doderer
Aphoristiker
Walter Benjamin
Oscar Wilde
Ludwig Wittgenstein
Paul Valéry
George Bernard Shaw
Hugo von Hofmannsthal
Ludwig Hohl
Michel de Montaigne
Schnitzler
James Boswell
Karl Kraus
Arthur Schopenhauer
Voltaire
Friedrich Nietzsche
Erasmus von Rotterdam
Robert Musil
E. M. Cioran
Francis Bacon
Blaise Pascal
F. de La Rochefoucauld
Montesquieu
G. Ch. Lichtenberg
Jean Paul
Novalis
F. von Schlegel
Marie von
Ebner-Eschenbach

Ob cool, ob hot, alles nur hippe Ma(s)che

Wieviel gesellschaftliche Gewalt muss ein lebendiger Mensch sich selbst antun, um endlich so "cool" zu werden, wie er und jeder andere es von ihm erwarten? Wieviel muss man "freiwillig" in sich abtöten, um diesem Milieu-Ideal zu entsprechen – oder dessen Gegenteil?

Der Urtyp des „coolen" Zeitgenossen war der blasierte Dandy des 18./19. frühbürgerlichen Jahrhunderts. Ein lässiger Dandyismus sollte das bürgerschrecklich Aristokratische am frühen Bürger sein und antihöfisch zugleich. Das wurde popularisiert zu „Cool iss *in* inne Schul'."

Haltung und Fassung bewahren, komme, was wolle. "Contenance, my dear!" hieß es einst. Kein Affekt soll mich überwältigen und durcheinander bringen können.

Aber jede(r) sollte auf Gefühlen sich ausrutschen lassen und erst danach wieder fangen können und totale Verwirrung gekonnt aushalten, um neue

Übersicht wiederzugewinnen. Beides zugleich will erlernt sein, um erwachsen zu werden. Was unserem Leben Farbe und Schwung gibt, kommt über uns, wirft uns um. Wer sich vor jedem Affektsturm bewahren muss, weil er ängstlich um sein mühsames Gleichgewicht bangt, wird seiner Gefasstheit so wenig froh wie umgekehrt einer, der immer irritiert, fassungslos und wehrlos geschüttelt wird von seinen heftigen Empfindungen. Frei sind sie beide nicht.

Schliesslich sind Gefühle nicht in uns gefangen als "internal properties", sondern gewaltige Mächte, die unseren Leib quasi "von außen" ergreifen und ihn zu ihrem Spielball machen. Es gibt gar kein *Innenleben* in uns. Wut und Entsetzen packen uns, dass wir zittern, Furcht beschleicht uns, dass der Puls rast, Freude überwältigt uns, Trauer lähmt uns, Scham lässt uns erröten und Schrecken erbleichen …

Wer stets außer sich oder immer nur ganz bei sich ist, lebt nicht.

Einst wollte das warmfühlende Herz in aufregend unübersichtlichen Situationen nur den *kühlen Kopf* bewahren. Heute ist niemand wirklich gelassen, überlegen souverän, abgeklärt distanziert, selbstbeherrscht besonnen, wie einmal der autonome Herrscher oder freie Unternehmer sein mochte, sondern jedes fragwürdige Subjekt will auf sich und andere so wirken, weil das etwas gilt. Es ist aber weder dieses noch das Gegenteil davon, sondern inszeniert eher seine gesellschaftliche Verfügbarkeit und bedingungslose Bereitschaft zu jeder angesonnenen Schandtat, die ausreichend gut belohnt wird.

„Take it easy, keep cool!" – Bleib locker; worüber regst du dich auf, das bringt dich nur ins Hintertreffen und kostet Kraft und Wettbewerbspunkte. Wer als erster sein Pokerface verliert, hat schon verloren und nur seine gesellschaftliche Unbeholfenheit verraten. Was einmal nonchalante Désinvolture sein mochte, ist heute meist nur bornierte Dickfelligkeit. Das Ungezwungene im Auftreten wollte einmal ein Stück persönliche Freiheit und geschmeidige Virtuosität im sozialen Umgang und Verkehr signalisieren, beweist heute aber nur noch aalglatte Eiseskälte und alerte Verhärtung statt Kraft und Stärke.

In esoterischer Frühform zelebrierte ein symbolistischer Dichter wie *Charles Baudelaire* diese heute verflacht demokratisierte impassibilité und kaltblütige Ungerührtheit. Aber diese demonstrative Unzugänglichkeit, die alles an sich abperlen lässt und ein hochsensibles Innenleben lediglich zu schützen vorschützt, maskiert zumeist gar nichts mehr lebendig Humanes dahinter.

Nicht eine verletzliche zarte Seele legt sich da nur einen coolen Schutzpanzer zu, sondern ein verdorrter Typus, der die herrschende gesellschaftliche Kälte des *Do-ut-des* sich nur allzu erfolgreich antrainiert hat, tobt sich hemmungslos gehemmt aus. Er spie(ge)lt eine emotionale Sensibilität vor, die er gar nicht kennt, erkennt und anerkennt.

Im Grunde leben da Leichen locker weiter.

Exklusiver Dandyismus eines *Lord Byron* vulgarisierte sich zur Jugendkultur der Pop-Coolness, die als souveräner lonely wolf nur willfährig auftrumpft. Wer heute als "cooler Typ" durchgeht, ob Männlein, ob Weiblein, ist eher noch ein armer Hund oder ein Schweinehund, der verzweifelt nach gesellschaftlicher Anerkennung giert, um bei den Ingroup-Seilschaften Karriere zu machen. Der Coole ist einfach der überangepasste Konformist unserer Zeit, der bewusstlose Mitschwimmer, der sich den Mächtigen für jeden gutdotierten Dienst bedingungslos und unskrupulös empfiehlt.

Das heißt aber nur, dass sein vermeintlicher Gegen-spieler, der spontane „Gemütsmensch", der sich in seinen herzensguten Gefühlen ständig verletzlich zeigt und mit seiner differenzierteren Anlage angibt, um nichts besser ist, sondern nur die treuherzige Kehrseite derselben Siegermedaille. Er affektiert hysterisch eine Gefühlskultur und hochangesehene Sensitivität für feinste Vibrations & Floatings, steht aber im Grunde genauso beziehungslos in der Welt. Er zelebriert seine gefühlige Empfindsamkeit als vermeintlich menschlicher, aber es handelt sich um dieselbe spiegelverkehrte Pose. Er affektiert seine Affiziertheit.

Es ist alles nur genormtes Talmi, was gesellschaft-lich approbiert und honoriert wird und der Karriere nicht schadet. Was bei *Baudelaires* Sensorium noch ein angewidertes Nichtmitmachen sein mochte, auch bei anerkannten Formen des Nichtmitmachens, ist heute schon Herdentrieb durch angestrengte Indivi-dualitätsmodelle aus dem Discount-Gefrierfach.

Baudelaire soll bei der Liebe (z.B. mit Madame de Sabatier) Handschuhe getragen haben, um sich nicht zu beschmutzen und bei intimster Körpernähe dis-tanziert für sich zu bleiben, untangierbar. Ihr könnt mich alle mal, doch mich kann keiner und ich alle.

Was bei einem *Beau Brummell* sich in der forciert schlichten Eleganz der Kleidung dokumentierte, outrierte ein *Oscar Wilde* durch eine grüne Nelke im Knopfloch und zynisch gewagte Bonmots. Hier trat der ursprünglich aristokratische Salon-Aphorismus in den Dienst einer antibürgerlichen Cool-tour (und „Cul-Tür") mit schneidend verspielter Kommandokürze und kontrolliert ungezwungener Selbstdiziplin, die aber im Dienste keiner Sache stand.

Der passionierte Müßiggänger Wilde verbüßte seine gesellschaftlichen Tänze auf Messers Schneide zwischen gesellschaftlichem Ruhm und sozialer Ächtung mit vernichtender Zwangsarbeit *de profundis*. Diese feine Grenze erkannte er zu spät.

Jugend, das heißt nur noch, eine Zeitlang *sich lässig zu sträuben*, um dann demonstrativ widerwillig umso rettungsloser zu konformieren mit prächtiger *personality*. Wer als Vollbluträdchen reibungslos funktionieren will, tut gut daran, sich ellbogenfrei skrupellos zu empfehlen, abgehärtet lässig und doch zugleich als menschlich ansprechbar und zugewandt in seinen *soft skills*. Ein drillbares Kunststück.

Es sind alles nur sozial erwünschte Haltungen und Selbstdressurleistungen. Der effeminierte *Softy* ist nur das routinierte Spiegelbild des *rough and tough guy;* beide Spielarten modellieren sich zwanghaft angestrengt nach gesellschaftlich erfolgreichsten Vorbildern der zwanglos geselligen „Leichtigkeit des Seins" ganz oben.

Nur wer einsam und verloren untergeht, hat „eigentlich" gezeigt, das er entweder nur sozial ungeschickt ist oder es ernst meint. Nur das allerletzte Unikum, das unverkäufliche Unikate anzubieten hat, ist ein hoffnungsloser Stümper − oder „authentisch echt". Wer aber besteht noch diesen Test?

Man *ist* im tiefsten Herzen genauso kaltschnäuzig, wie man sich *cool* gibt. Stoizismus light : Unter cooler Schale kalter Totmannskern.

+ + +

Lächerliches, Ungewisses, Sinnloses?

Wie, wenn alles im Leben letzthin relativ lächerlich, anfechtbar und sinnlos wäre – ausser der exquisitesten intellektuellen Hochleistung, etwa auf dem Gebiet der mathematischen Logik, die der Aphoristiker Lichtenberg für die einzige strenge Wissenschaft hielt? Ganze Felder der Kultur und Gesellschaft verfallen der Missachtung – die Welt der Fabriken und Büros, soweit sie nicht von Automaten betrieben werden, die Welt von Handel, Händel und Gewerbe z.B. Es gibt ganze Subsysteme der Gesellschaft, die sich auf das gesellschaftlich Notwendige minimieren lassen würden, weil sie nur notwendige Übel sein sollten, die keine lebenslange Aufmerksamkeit verdienen wie Polizei und Justiz, Handel und Wandel, Fabriken und Büros, Transport und Verkehr etwa, welche sich viel rationeller und überlegt überlegener organisieren lassen. All das wäre in wenigen Jahren wenigstens in den Hochindustrie-Nationen zu automatisieren und zu minimieren, um die Menschen freizustellen für „Eigentlicheres“ wie angestrengtesten intellektuellen Spitzensport ohne praktische Absichten und materielle Anreize.
Der Rest ist nichts als ein Alptraum.

Die Kunst- und Literaturgeschichte handelt im Kern nur von Liebesgeschichten und Raubmorden. Die Weltgeschichte ist keine Fortschrittsbewegung, sondern eine einzige Folge von ewigen Keilereien ohne allen Sinn und Verstand und wird niemals ein Ende nehmen, doch jeder nicht gerade direkt Betroffene kann jederzeit aus dem Fließbandirrsinn aussteigen in reinere Beschäftigung mit Logik und Essayistik z.B., ausscheren in idyllischere Kulturlandschaften, wo schlimmstensfalls der *rabies eruditorum* regiert in der Gelehrtenrepublik. Ist die Notdurft des Lebens halbwegs befriedigt. droht nur Flachköpfen die ewige Langeweile von Bücherparadiesen. Nach dem „Ende der Geschichte" in liberalen Demokratien, wenn aller wesentliche Bedarf allgemein gedeckt ist, darf der *locus amoenus* des zweckfreien Geistes um seiner selbst willen locken und muss kein *locus terribilis* der allfälligsten Depressionen drohen.

Ein Alexandre Kojève sah für diese technokratische Utopie nicht die Dystopie globaler Arbeitslosigkeit voraus, sondern die Vision einer Welt ohne gesellschaftlich überflüssige Arbeit. Menschliche Arbeitssklaven würden durch seelenlose Roboter weitestgehend ersetzt sein. „Jeu, exstase, mathématique" sah Kojéve als Paradiese bestmöglicher Zukunft.

Nach dem Ende der „Vorgeschichte" (Marx) in den liberalen Demokratien ohne Armut und unter Gottes Grundgesetz bleiben sinnvoll noch Liebe, Logik und verspielte Bonmots in bukolischen Gärten und idyllischen Wäldern, ruhmsüchtige Wettkämpfe in den besten geistigen Disziplinen, aber ein Agon ohne Agonie. – Und wenn die Fußkranken und *Arbeitsscheuen* am Rattenrennen nicht teilnehmen können oder wollen, sollten sie keiner „Verelendung" preisgegeben werden. Hat lumpenproletarische Bohème, die kein unvorhersehbarer Mob oder Revolutionär werden soll, im modernen *Sozialstaat* keinen Platz?

Alles Gesellschaftliche, Kulturelle : alles Müll und Abfall vom Himmel, aber nicht vom Himmel herab. Wirtschaftliches, „Kommunikatives" muss endlich „überwunden", d.h. aufs notwendigste vernünftige Minimum reduziert werden, um vom materiellen Existenzkampf endlich einmal geschichtlich freizukommen, weil es unverständlich und lächerlich ist, wenn Menschen noch immer gegen Hungertod und Mord ankämpfen, statt als Glücksritter ihre geistigen Olympiaden zu veranstalten. Die Vorgeschichte ist selbst auf Hochebenen von Hightech-Zivilisationen alles andere als überwunden, weil sie noch keine Beschäftigung mit ewigen Ideen und Gesetzen ist.

Machen Geschichtenerzähler gebildeter?

Einleitung

„Storytelling" ist ebenso effektiv, um Humboldts zweckfreie „Persönlichkeitsbildung" zu fördern, wie es ineffektiv ist, um informative Sachwissensbildung zu fördern.

Aber wer hat schon Lust, ein solches Bonmot, das alles sagt, zu einem Essay aufzublasen, der weniger trifft? Dazu wären mit typisch deutscher Gründlichkeit erst einmal beide Bildungsbegriffe zu *explizieren*, deren Kenntnis bereits Allgemeinbildung voraussetzt, die hier nicht nachgeholt werden sollte, zumal sie ja in unzähligen Büchern vorliegt.

Hauptteil

Im einen Fall geht es um die möglichst allseitig entfaltete *Subjektivität* einer autonomen Person, im anderen Fall um unpersönliche *Objektivität* von wissenschaftlich sicherbarem Sach- und Fachwissen. Persönliche Lebensgeschichte wird gefördert durchs Erzählen von lebendigen Geschichten, reale Weltgeschichte aber zu Tage gefördert durch Aufzählen von objektivierbaren Geschehnissen.

Persönlichkeitsbildung wird gefördert durch bildkräftige Gefuehlsgymnastik mit Programmen und Projekten, *Allgemeinbildung* aber durch begriffliches Nachdenken über Konzepte und Sachverhalte. Allgemeinbildung ist nutzbares Sachwissen aus Lehrbüchern, Persönlichkeitsbildung (etwa durch „schöne Literatur") ist zweckfreier Selbstzweck.

„Storytelling" nun ist effektiv für den didaktischen Zweck, zweckfreie Persönlichkeitsentfaltung zu fördern, aber ebenso dysfunktional, wenn es darum geht, sachliche Allgemeinbildung durch verwässernde Popularisierungen zu befördern. Zweckfreie Ausbildung aller menschlichen Wesenskräfte ist eben keine Ausbildung für den Berufserwerb von Problemlösungskompetenzen auf allen soziokulturellen Feldern.

Wer den Wikipedia-Artikel über „Storytelling" liest, wird bekannt mit zahllosen wohltuenden Wirkungen von erzählten Geschichten, die Fachkenntnisse popularisieren, aber nur beiläufig mit der Manipulationsgefahr dieser Methode. Das *Storytelling* zählt ja zum rhetorischen Überreden, nicht zum argumentativen Überzeugen. Darin liegt seine Crux und des Pudels Kern. Rhetorik kann z. B. Ideologien suggestiv einschleusen, Argumente aber wollen Ideologien („falsches Bewusstsein") bewusst auflösen.

Personifizierende Geschichten mit bewegter und bewegender Handlung fördern emotionale Suggestionen, rationale Argumentationen hingegen entschärfen rhetorische Suggestionen. *Storytelling* trainiert eher assoziative Einbildungskraft als rationale Urteilskraft.

Professor *Robert McKee* schrieb : „Storytelling ist der wirksamste Weg, um Ideen in die Welt zu bringen." Das Gegenteil scheint mir richtig zu sein. Um neue und gute „Ideen" in die Welt zu bringen, eignet sich Geschichtenerzählen am allerwenigsten, denn gute Stories kleiden eben nicht ablösbar allgemeine Gedanken und praktikable Leitbilder in anschaulich konkrete Geschichten, sondern machen uns eher irre an fixen Ideen. Wenigstens sind solche „Stories" aus industriellen Brainstormings, Schreibschulen und Kommunikationslaboren keine Sprachkunstwerke, sondern nur didaktische Behelfsmittel, um zu profitablen Lösungsvorschlägen für technisch-ökonomische oder auch psychosoziale Probleme zu kommen. Jede bessere Literaturtheorie lehrt das. Es sei denn, man verstehe unter platonischer (oder Kantischer) „Idee" lediglich einen beliebigen praktikablen „Einfall" und keine falsifizierbar formulierte Arbeitshypothese, die nur in pädagogisch einschmeichelnde Form gebracht wurde. Diese Geschichtchen sind auch kein „sinnlicher Schein der Idee" (Hegel), der Einheit von Begriff und Realisierung, sondern eher *Trivialliteratur*.

Seit wann wollen literarische Geschichten ablösbare Allgemeinbegriffe nur suggestiv illustrieren, verkörpern oder versinnbildlichen? Mit „Storytelling" sind oft vor allem Rollenspiele in Gruppensitzungen gemeint, spielerische Selbstinszenierungen oder zielführende Kommunikationsübungen zur geschäftlichen Kooperation.

Nach dem Ideal der spiel- und praxisorientierten Pädagogik kommt das Ideal des kindgerecht 'storyorientierten' Unterrichts und mit ihm die pure Gedankenlosigkeit. Es geht um so etwas wie die Betäubungsspritze beim Zahnarzt. Man vergisst dabei nur, dass das schmerzhafte Denken schon selbst ein 'Probehandeln' (Freud), aber das Handeln in Leben und Kunst noch kein veritables Probedenken ist.

Übersehen wird, dass Menschen, um nicht denken zu müssen, ohnehin lieber handeln und dass sie ursprünglich einmal mehr nachgedacht haben, um weniger arbeiten zu müssen. Die Alten wussten noch, warum sie den Menschen ein *animal rationale* und nicht Arbeitstier, Spielkalb oder Phantasten nannten. *Cogito* ergo homo sum. Heute ist das ganze hysterische Basteln, Schwafeln und Märchenerzählen nur ein Vorwand, um nicht ernsthaft nachdenken zu müssen. Das Rennen und Zappeln, Fabulieren und Phantasieren lernen die Kinder auf Strassen und Massenmedien, aber wenn sie in der Schule kein abstraktes Denken lernen, lernen sie es nirgendwo mehr. Heute wird die *Verkopfung* der Schule beklagt, denn Denken gilt als schlecht, weil es „Anstrengung des Begriffs" (Hegel) ist und kein bloßes Empfindeln.

Das Einzige, worauf ein Lehrer mit seinen Wortschätzen wirklich bauen kann, ist der Wunsch eines Kindes, kein Kind zu bleiben. Die Abneigung eines Kindes dagegen, ein Kind zu sein, ist das stärkste aller pädagogischen Motive überhaupt, und dieses Motiv wird durch alle heute als fortschrittlich geltenden Didaktiken zerstört, welche in ihrer Angst, Folterwerkzeuge zu sein, selber die ärgsten Marterinstrumente sind. Was gegen den 'geschichtenerzählenden Unterricht' spricht, ist das Gleiche, was gegen die Spiel- und Handlungspädagogik sprach. Der Wunsch des Menschenkindes, ein erwachsener Mensch zu werden, d.h. denken zu können, um nicht nur wühlen und fühlen, stieren und lauschen, fuchteln und schreien zu müssen, wird systematisch unterdrückt von popkulturellen Massenmedien.

Die nötige Rücksicht auf die beschränkte Fassungsgabe eines Heranwachsenden führt heute nur dazu, dass das Kind nicht erwachsener, sondern der Erwachsene immer kindischer wird. Am Ende sind die "storytelling lessons" nur ein Zugeständnis an die neurotische Schwadroniersucht von TV-Zombies, doch anti-autoritär sind keine Pädagogen, die den Schüler zu ihrer höchsten Autorität erheben und sich von seiner rebellischen Faulheit und bramarbasierenden Dummdreistigkeit imponieren lassen.

Lernen heißt, von vielen konkreten Einzelfällen einen Gedanken abstrahieren zu können. Will man heutigen Pädagogen glauben, ist das Wichtige dabei nicht der Gedanke, sondern der Rückgang auf die konkreten Einzelfälle, aus denen er gewonnen wurde. Kinder wollen sich einen Begriff von der Welt machen, aber Lehrer werden immer wieder ergreifend oder handgreiflich. Die meisten Pädagogen machen den Schülern das Leben schwer, weil sie ihnen das Denken ersparen, welches das Leben erleichtert. Sie wollen nichts davon wissen, dass ihren Zöglingen erst Hören und Sehen vergehen muss, um etwas kapieren zu können. Wer Angst vor lustbetonter Kopfarbeit zur pädagogischen Geschäftsgrundlage macht, ist den „Bildungsfernen" näher, als ihm lieb sein mag. Die Gefahr, dass Schulen blutlose Intellektuelle produzieren, verschwindet vor der Gefahr, dass niemandem in der Schule genug Popmusikhören und Fernsehen vergeht, um begriffliches Denken zu lernen, also Geist zu entwickeln.

In Kunstwerken geht es ja nicht darum, für gute oder böse Ideen Propaganda zu treiben. Literatur macht sensibler, nicht gebildeter, und bringt kein Faktenwissen. Erzählgeschichten liefern uns ergreifenden Atmosphären aus, statt objektive Tatsachen mitzuteilen. An ihnen üben es Leser oder Hörer, durch überwältigende Gefühle vorübergehend ihre Fassung zu verlieren, um diese besonnener wiederzugewinnen. Durch Erzählungen rutschen wir auf unseren Affekten aus, um uns wieder fangen zu lernen, aber nichts über Sachverhalte kennenzulernen. Stories machen Leser eher mit sich selbst bekannt als mit objektiven Weltfakten und bieten Gefühlsgymnastik statt Wissenstrainimg.

Schluss

„Wie sag ich's meinem Kinde?"

Kleinkindern z.B. erzählt man noch erdachte Geschichten, Schulkindern aber schon von der realen Geschichte. Die einen brauchen noch Bilder und Gefühle, die späteren aber Begriffe und Gedanken, und ständige Regressionen auf zu überwindende Entwicklungsstufen sollten unterbleiben.

Metaphern und Geschichtchen wollen die ästhetische Einbildungskraft unterhalten und anregen, Begriffe und Ideen aber die rationale Urteilskraft unterrichten und üben. Man sollte auch Kinder nicht mit Eiapopeia-Geschichtchen zu lange verwöhnen und ihrer eigensüchtigen Bequemlichkeit schmeicheln, sondern möglichst früh den Respekt vor intellektuellem Argumentieren vermitteln und ihren Ehrgeiz zum diskursiven Disput mit geistigen Begriffen statt sinnlichen Bildern wecken, mit fundierten Gedanken statt nur mit suggestiven und vermeintlich „lebensnäheren" Gefühlen. Bilder sind zu begreifen, Begriffe aber nicht wieder sprachlich zu bebildern. Man sollte *begriffen* haben, wovon man *ergriffen* wurde, und nicht unfreier Spielball seiner Empfindungen bleiben, sondern ihrer geistig Herr werden.

„Du sollst dir kein Bildnis noch irgendein Gleichnis machen, weder von dem, was oben im Himmel, noch von dem, was unten auf Erden, noch von dem, was im Wasser unter der Erde ist …"
(Dekalog, 2. Mose 20, 4)

Mach dir einen Begriff von der Welt und kein Bild, das dann zwischen dir und der Welt steht und dich von ihr trennt!

„Was uns für die Zwecke der konkreten Praxis am meisten Not tut, sind durchweg Abstraktionen."
(Gilbert Keith Chesterton)

„Es gibt nichts Praktischeres als eine gute Theorie."
(Immanuel Kant)

Ein Einfall, der nicht zünden will

Hast du keinen Säbel,
Doch auch ein kleines Faible
Für *Johann Peter Hebel*?
Der sanfte Allemanne
Hat manches auf der Pfanne
Und in der Rotweinkanne.

Es löscht der *"rote Dieter"*
seinen Brand mit einem Liter.
Der *"Zundelfrieder"* brennt,
Roter Dieter rennt und flennt.
Feuer legt der Zundelfrieder
An seiner biedern Gundel Mieder
Und niemals seine Lunte
An die leichtentflammte Tunte,
Den „roten Dieter",
Sein Untermieter.

Ein Phall, der nur mal zündeln will :
Ein Einfall, der nicht zünden will.
Pfaffen nur verkünden
Witze, die nicht zünden.

Zündet an die Kerzen,
Dann brennen alle Herzen,
Sie brennen nur vor Schmerzen,
Wir löschen sie mit Scherzen.
Und bist du mal wurstig,
Macht das schnell durstig.
Dieser Durst heißt „Brand"
Und ist auch so bekannt
Und ward gelöscht mit Branntwein,
Das soll nicht unbekannt sein.

Die Kerze zündet,
Das Auto verschwindet,
Mit "Scheuer" verbündet,
Und zündet ein Einfall,
Ist es kein Rheinfall
Und auch kein Reinphall.

Ein heißes Wort, ein Blick nur so
Und Liebe brennet lichterloh.
Ein scheeler Blick, ein falsches Wort
Zündelt schon mit kaltem Mord.

Ein Zündholz reicht für Scheiterhaufen,
Dass Flammen raufend weiter laufen
Und sich heiter Opfer kaufen.
Wehe dem, der Fünklein sät,

Wie schnell ist alles dann zu spät!
Die Propheten unken :
Zum Weltbrand reichen Funken
im Flammenmeer ertrunken.
Erlogen und erstunken?
Nein, alles durchgewunken!

Wirf die Kippe in den Wald,
So brennt er allverzehrend bald.
Dann brennen alle Wälder.
Es stiften Brand die Feuermelder,
Und mancher zünd sich selber an,
Damit man ihn auch sehen kann.

Legen denn in diesem Land
Feuerwehren selbst den Brand?
Feuerwehr legt selbst das Feuer,
Ist das neuer oder teuer?
So hält man sie ganz ehrlich
Für immer unentbehrlich.
Stiften sie höchstselbst den Brand,
Bleibt der Täter unbekannt.

„Heiliger Sankt Florian,
Zünd das Haus vom Nachbarn an!“
Verschone bitte meines
Etwas mehr als seines !

Philosophische Grundbibliothek

Chuang-tsi: „Das wahre Buch vom südlichen Blütenland"

L. Annaeus Seneca : „Briefe an Lucilius"

Michel de Montaigne : „Essais"

Imm. Kant : „Grundlegung zur Metaphysik der Sitten"

S. Maimon : „Versuch einer neuen Logik … " (1794)

G. Fr. Hegel : „Phänomenologie des Geistes" / „Ästhetik"

Arthur Schopenhauer : „Aphorismen zur Lebensweisheit"

Friedrich Nietzsche : „Menschliches, Allzumenschliches"

Nicolai Hartmann : „Das Problem des geistigen Seins"

Hedwig Conrad-Martius : „Der Selbstaufbau der Natur"

Th. Adorno : „Minima moralia" / „Negative Dialektik"

Jean-Paul Sartre : „Der Idiot der Familie"

Hermann Schmitz : „Der unerschöpfliche Gegenstand" /
„Der Weg der europäischen Philosophie"

I.M. Bochenski / A. Menne: „Grundriss der Logistik"

Hans Blumenberg : „Wirklichkeiten, in denen wir leben",
„Die Vollzähligkeit der Sterne"

Quatschen Rhetoriker, um nichts zu sagen oder Böses zu tun?

Rhetorik ist Sabbelkunst, Eristik ist Kabbelkunst. Beides sind Formen der Trouble- und Brabbelkunst.

Rhetorik heißt hierzulande lediglich, schöne Worte zu machen, um hässliche Wirklichkeit zu verschleiern oder zu Hass und Hässlichem aufzureizen. Sie appelliert an "niedere Instinkte", statt „Klartext" zu reden, heißt es. Rhetoriker „lügen wie gedruckt"; andere, die der Sprache weniger mächtig sind, irren höchstens mal, meinen es aber ehrlicher.

So irrte sich der hiesige „gesunde Menschenverstand" schon immer. Ausgefeilte Rhetorik gilt in unserem Konsensland leider nur als Süßholzraspel, Manipulationsinstrument oder Propagandatrickkiste. Rhetoriker wollen immer nur das Eine von uns, Geld und/oder Liebe?

Rhetorisch anspruchsvollere Parlamentsreden werden bei uns mit Misstrauen vermerkt. Stundenlanger, tagelanger, sich über Wochen oder gar Monate hinziehender Austausch von Debattenreden und Streitgesprächen in Bundestag, Landes- oder Kommunalparlamenten werden nicht begrüßt. *Konflikte* müssen hierzulande auf "zielführend" kürzestem Weg zum *Konsens* führen − was allerdings eher Diktaturen als Demokratien schmückt.

Das "kommunikative Handeln" bei dem führenden Sozialtheoretiker *Habermas* z.B. mündet umstandslos in "rationalen Gruppenkonsens" − also ohne viel "endloses Gequatsche von Neunmalklugen, wo nix bei rumkommt." Einheit, Geschlossenheit und Gemeinschaft sind Trumpf, also Gemeinsamkeit gegen Einsamkeit, monotone Einstimmigkeit statt polyphoner Kontrapunkt.

In Paris oder London hingegen werden rhetorische Stümper nie ernst genommen als Schriftsteller oder Intellektuelle.

Eine einfache nackte Wahrheit leidet nicht darunter, dass sie in eine literarisch schlichte oder schlechte Form verpackt wird. Wenn sie nur klar und unmissverständlich formuliert ist, kann sie auch in beliebig andere Ausdrucksweisen übersetzt und zurückübersetzt werden, ohne Schaden zu nehmen. Es ist geradezu ein Kriterium ihrer wissenschaftlichen Gediegenheit, dass sie nicht aufhört, wahr zu sein, wenn sie nicht gut oder gar blendend ausgedrückt wird. Die Philosophen haben das Ideal einer gegen ihre rhetorische Darstellung gleichgültigen Allgemeingültigkeit von Wahrheiten übernommen, um wissenschaftlich und nicht nur literarisch beurteilt zu werden.

Fachphilosophen haben einem *Nietzsche* immer den Titel Philosoph abgesprochen; sie nannten ihn einen bloßen Rhetoriker, weil er es gewagt hatte, in jeder Philosophie eine bloße Rhetorik zu sehen. Ein Denker, der so gutes Deutsch schreibt wie *Schopenhauer*, hört in Deutschland schon dadurch auf, ein wissenschaftlicher Philosoph zu sein, und bringt es höchstens zum 'philosophischen Schriftsteller', obwohl natürlich nicht jeder rhetorisch Gewandte im rhetorischen Gewande eine Wahrheit versteckt hält.

Der Literat macht nur schriftlich, was der Redner mündlich tut – und wahre Mündigkeit äußert sich ja schriftlich.

Nicht jeder flache Stil verrät tiefe Gedanken, zugegeben, und nicht jeder glänzende Stil, dass diese Gedanken nur durch Abwesenheit glänzen. Am sichersten ist noch die Auskunft : Gut geschrieben ist alles, was wahr ist; Irrtümer, Irrsinn und Irreführungen lassen sich nur in schlechtem Stil ausdrücken. Leider ist einem Satz und einem Aufsatz leichter anzusehen, ob er gut geschrieben ist, als was ihn von Lügen und Irrtümern unterscheidet.

Wer mit der Sprache nur ringt wie ein Schlamm-Catcher, muss deshalb noch keine klaren Gedanken haben, die der Rede wert wären, und der stilistische Redeschmuck muss nicht schon immer Gedankenlosigkeit oder finstere Absichten verkleiden, wie in Deutschland allzu gern unterstellt wird.

Stets werfen die Rhetoriker den Rhetorikern vor, nur rhetorisch zu sein, statt "sachlich zu argumentieren".

Was ist der wissenschaftliche Anspruch oft mehr als nur der Anspruch, Halbwahrheiten auch schlecht ausdrücken zu dürfen, ohne dass sie dadurch kompletter Blödsinn werden. Der Wissenschaftler sagt sich : Ist es auch schlecht geschrieben, so ist es doch umso wahrer. Der Schriftsteller sagt : Ist es blanke Lüge, so doch glänzender formuliert als jede langweilige Wahrheit. Wenn nach Hannah Arendt das Böse auf Deutsch banal ist, dann kann nicht schlecht sein, was nicht trivial ist.

Das Wissenschaftlichkeitsritual setzt stets ein ernstes Gesicht auf, wenn die methodische Zurüstung des verhandelten Themas als eine zwangsneurotische Pedanterie sich lächerlich machen will. Die umständliche Betulichkeit und Schwerfälligkeit der permanenten Absicherung nach allen Seiten kommt nie zur Sache und nennt genau das ihre Sachlichkeit. Aus der Not, nicht schreiben zu können, ist die Tugend schmuckloser Nüchternheit gemacht, die sich durch kein Blendwerk beirren lässt. Der wissenschaftliche Wachsabdruck der Wirklichkeit ist das Wachs in den Ohren des Wissenschaftlers gegen die Sirenenklänge der Kunst, und damit ist die Unsachlichkeit erfolgreich verwechselt mit einem brillanten Feuerwerk rhetorisch funkelnder Paradoxe.

Rhetorik ist Redekunst, um andere von einer Wahrheit zu *überzeugen* oder wenigstens zu einer (dem Redner vorteilhaften) Unwahrheit zu *überreden*, als wäre sie die Wahrheit. Sie ist eine praktische Kunst, Recht zu behalten und zu bekommen, gleichgültig, ob man nun Recht hat oder nicht. Oder sie ist eine theoretische Wissenschaft von den Techniken und Methoden, dieses praktische Ziel zu erreichen.

Rhetorik der Sache (wie sag ich's meinem Kinde?) oder *Rhetorik des Scheins* (wie betrüge ich durch

Sprache?). Seit aber keine objektive Wahrheit mehr anerkannt wird, kennt man nur noch Rhetorik des subjektiven Überredens und nicht mehr des objektiven Überzeugens.

Logik gilt seit alters her als Kunst des folgenrichtigen Überlegens und zwanglosen Überzeugens, **Rhetorik** als Kunst des bloßen Überredens, **Dialektik** als Kunst der gemeinsamen Unterredung und **Eristik** als Kunst des Streitgesprächs zwecks Wahrheitsermittlung − oder Täuschung. Kurz : **Logiker** überlegen (sich), **Rhetoriker** überreden dich, **Dialektiker** unterreden sich, und **Eristiker** streiten sich ums einzig Wahre. Das „Trivium" von Logik, Grammatik und Rhetorik zählte zu den sieben *freien Künsten* des Altertums.

Europäische Rhetorik hat eine sehr lange Tradition: Altgriechische Sophisten wollten in Gerichtsreden nicht nur die Sache des Schwächeren gegen die Mächtigen erfolgreich verteidigen, sondern auch die schwächere Sache des Mächtigen gegen die stärkere Sache der Schmächtigen. Dagegen setzten *Platon* und sein Meisterschüler *Aristoteles* die Idee des objektiv Wahren. *Schopenhauer* hielt des nüchternen Aristoteles „Rhetorik" der *Enthymeme* zu Recht für das gelungene Muster einer geisteswissenschaftlichen Untersuchung.

Selbst *Platon* verschmähte keine rhetorischen Kniffe im Kampf gegen die vermeintlich bloße Geschäftsrhetorik seiner sophistischen Gegner. Er war nur der Meinung, dass nur er wahre Ideen gegen deren bloße Meinungen verteidigte.

Der gute Redner bei *Aristoteles* sucht sich als vertrauenswürdig zu erweisen, indem er lieber Sachargumente aufzufahren vorgibt, als auf bloße Gefühle seiner Adressaten einzuwirken, d.h. er benutzt auch nur wieder die paradoxe Rhetorik wissenschaftlicher Antirhetorik.

Der Gerichtsredner *Cicero („De oratore")*, der Historiker *Tacitus* und der Dichter *Horaz* sahen in der Literatur vor allem Rhetorik und machten Rhetorik umgekehrt zu einer Hauptform von Literatur. Antike Rhetorik gipfelte um 100 n. Chr. dann im zusammenfassenden Werk des Römers *Quintillian*.

Seit der europäischen Aufklärung des 18. Jahrhunderts ist Dialektik nur noch „Logik des Scheins" statt des Seins und keine seriöse Disputiertechnik und Diskussionskunst mehr. Erst der Idealist *Hegel* suchte aus einer Kunst der Irreführung des Widersachers wieder eine wissenschaftliche Methode der Wahrheitsfindung wie bei *Platon* zu machen, und bei seinem Schüler *Marx* fragt man sich bis heute, ob dessen „wissenschaftlicher Sozialismus" nicht nur rabulistische Rechthaberei eines machtbewussten Cholerikers war.

Seit der Genie-Ästhetik des 18. Jahrhunderts sprach literarische Rhetorik als Verstellungskunst mehr Herz und Seele an als Verstand und Vernunft. *Kant* hielt jeden Rhetor für verächtlich, weil der seine Mitmenschen als bloße Mittel missbrauche, und der ausgebildete Gerichtsredner *Goethe* wollte Rhetorik ganz aus Literatur verbannt sehen.

Spätestens seit dem Deutschen Idealismus gilt Rhetorik hierzulande als Gegenteil von Wissenschaft und Wahrheit. Die von *Hegel* überwunden geglaubte Romantik hatte die Autorität der Gefühle über die Autorität der Gedanken gesetzt und Manipulationen durch musterhafte Vorurteilstopoi freigegeben.

Bloße Rhetorik wurde seit der Aufklärung „pejorativ konnotiert". Die kultivierte Rhetorik der Gebildeten verkam nun zur Rhetorik geschickter oder charismatischer Scharlatane, die ihrem Publikum

Unvorteilhaftes als vorteilhaft aufschwatzen, oder Propagandisten von linken oder rechten Ideologien, die „falsches Bewusstsein" als wahres Wissen verkaufen. Moderne Demokratie-Erziehung will gegen rhetorische Verführbarkeiten immunisieren, denn die „Propaganda der Tat" verachtet republikanische Parlamente als bloße „Quasselbuden".

Arthur *Schopenhauer* nannte sein einschlägiges Werk von 1830 „Eristische Dialektik − Die Kunst, Recht zu behalten", und zwar „mit erlaubten und unerlaubten Mitteln". *Schopenhauer* sammelte 38 "Strategeme" sophistischer Rhetorik : Wie widerlege ich meinen überlegenen Gegner und bekomme gegen ihn Recht, wenn ich gar kein Recht habe? Wie bin ich ihm subjektiv überlegen, wenn meine argumentativen Beweismittel den seinen objektiv unterlegen sind?

Man widerlegt andere, indem man zur Sache kommt *(ad rem)* oder persönlich wird *(ad hominem)*. Ich widerlege gegnerische Thesen *direkt* durch bessere Sachgründe oder *indirekt*, indem ich die Falschheit ihrer Gründe oder Schlussfolgerungen beweise oder Verstöße gegen Common Sense nachweise. Indirekt widerlege ich dich durch schlagende Gegenbeispiele (Instanzen) oder indem ich aus der Falschheit des

Gegenteils auf die Wahrheit meiner These schließe. (Wenn das Gegenteil falsch ist, muss ja meine Behauptung noch nicht stimmen.)

Ehe der Disput beginnt, sollte erst einmal geklärt werden, auf welche unbestreitbaren Grundsätze die eristischen Streithähne sich überhaupt einigen können, denn wer alle Prinzipien bestreite, mit dem sei prinzipiell nicht zu streiten. Disputieren sollte man nur mit Leuten, die genug Verstand dazu haben und nicht nur *Applausibilität* suchen. Das ist die Struktur von Schopenhauers Abhandlung über Trugschlüsse und Trickstrategien ewiger Rechthaber, aber auch Schopenhauer will damit ja ironisch nur Recht behalten gegen alle Rechthaber(eien).

Existenzialist Sartre hielt jede Sprache im Kern für eine Sprache der Werbung und Verführung. Jeder Mann wird bei einem Rendezvous zum mehr oder weniger begnadeten oder routinierten Rhetoriker seiner Verführungskünste, wenn er die Frau umwirbt, und jeder der beiden weiß, dass auch der andere weiß, worum es geht, auch wenn scheinbar über Unverfängliches geplaudert wird. Rhetorik ist sprachliche „Seelenlenkung“ zum Guten oder zum Bösen, z.B. zur Pädagogik oder zur Pädophilie, zur Demokratie oder zur Demagogie.

Hierzulande, im Gegensatz zu romanischen Ländern, misstraute man den welschen Schmeichelreden und goutierte nie die feinere Beredsamkeit. Hier gelten gefühlsecht wirkende Stammeleien für glaubwürdig „authentischer" als wohlgesetzte „Redeblumen" der Schöngeister. Hier redet und hört man lieber grob(schlächtig)en „Klartext" als zierlich gedrechselte und zielsicher berechnete Umschreibungen, welche eine Sache oder das Herz kunstvoll treffen wollen.

Der Verstand sei Rhetoriker, das Herz aber habe seine eigene Wahrheit, verkünden auch die Propagandaminister im Brustton überzeugender Überzeugung. Gebrauchsrhetorik jenseits von Grab- und Festrhetorik bleibt Firmenchefs vorbehalten. Heute geht die alte Rhetorik Bündnisse ein mit Psychologie, Linguistik und anderen Disziplinen.

„Performative Sprechakte" wollen nicht Einsichten vermitteln, sondern bloße Ansichten und praktische Absichten pragmatisch „rüberbringen". „Nonverbale" Hilfsmittel wie Stimmführung, Pose und Gestik verbinden sich gern mit metaphorischen Stilmitteln, „Tropen", konfektionierten „Redefiguren", mit der Wortwahl, Satzbautechnik, Vortragsgliederung etc.

zur angepeilten rhetorischen Effizienz, um Kasse zu machen und/oder Wähler einzutreiben.

Der Redner reagiert dabei ständig flexibel auf Publikumsreaktionen, um Aufmerksamkeit und Spannung wachzuhalten. Gute Reden sollen kurz sein, um nicht einzuschläfern, aber nicht nur aus eingestreuten Bonmots und geistreichen Sprachbikinis bestehen. Man kann andere überreden von etwas, von dem man selbst nicht überzeugt ist, und Rhetorik ist laut Aristoteles die Kunst, die eigene Kunst- und Schlagfertigkeit als solche versteckt zu halten, um natürlich zu wirken. Eindruck von Natürlichkeit könne nur durch hohe Kunst erreicht werden, doch je klarer die Sprache, desto dunkler bleibt oft die Sache − und umgekehrt.

Ohne die subjektive Idee einer objektiven Wahrheit aber wird alles nur wahr-scheinlich, also bloße Rhetorik, die sich für sachgetreue Antirhetorik ausgibt. Heute nennt jeder Rhetoriker jeden Redner einen bloßen Rhetoriker, dem es nur um seine Person statt um eine Sache (d.h. um meine Person) gehe.

Wo aber jede Sache nur so viel wert ist wie die Person, welche sie sich zu eigen macht oder zurückweist, ist der Maßstab prüfbarer faktischer Richtigkeit preisgegeben und alles nur noch Rhetorik. Sie macht dann jeden zum Spielball von andrehbaren und abschaltbaren Affekten, wie in den Massenmedien, die kapital- oder politfreundliche Wirkungen erzeugen wollen mit wort- und bildersprachlichen Mitteln. Die Demosthenes-Rede wird Gerede auf dem Marktplatz.

Die modernisierte „Postmoderne" etwa ist und war solche Rhetorik, dass es nur verschiedene Rhetoriken gebe ohne eine feste Wirklichkeit und Wahrheit dahinter. Nicht harte Realität dementiert bloße Meinungen, sondern eine beliebige Rede dementiert nur die andere. Dann degeneriert Rhetorik zum verkappten Machtspiel.

Ein "Buch der Natur" sei natürlich auch nur Rhetorik der Natürlichkeit. Nietzsche hatte als erster diese Radikalität ins Spiel der Geister gebracht, und Heidegger folgte : Nur Sprache entscheide letztlich, was Sache sei, und nicht umgekehrt die Sache selbst, welche Sprache ihr angemessen sei.

Ein eristisch-polemisch gewandter Rhetor quatscht und quasselt so erfolgreich geschickt auf uns ein, dass wir freiwillig, in unbewussten Gefühlstiefen gekitzelt, mit fliegenden Fahnen zu seinen Ansichten und Absichten überlaufen und sie für die eigenen halten, auch wo sie eigenen Interessen diametral zuwiderlaufen mögen.

In der BRD gibt es nur einen einzigen Rhetorik-Lehrstuhl, in Tübingen gegründet von Walter Jens mit seinen schwülstigen Hellenismen.

Auch dieser Essay hier ist ja nur pure Rhetorik, allerdings nur ein erfolgsarmer Überredungs- und Überzeugungsversuch, um für kultiviertere Rhetorik zu werben und nicht die Normsprache der Wissenschaft krud gegen die Kunst der Rhetorik wie gegen die Rhetorik der Kunst auszuspielen.

Gaffer beim Auto-Unfall und anderswo

"Heiliger Sankt Florian,
Zünd das Haus des Nachbarn an!"
Verschone bitte meines
Etwas mehr als seines!

Wo es endlich kracht und knallt,
Sammeln sich die Gaffer bald.
Wo es endlich knallt und kracht,
Hat das Entsetzen bald gelacht
Und blockiert an Unfalltagen
Allzu gern die Rettungswagen.

(Die Welt ist schön zu sehn,
Doch ist sie schwer zu sein,
Sagte uns kein Bauer,
Sondern *Schopenhauer*.)

Raffen, was die Hände schaffen,
Gaffen, was die Augen raffen?
Horror in der Glotze : No!
Her mit der Reality-Show!

Der allergeilste Kick
Ist doch das Unglücksglück
Direkt vor der Pupille
Oder vor der Brille.

Je sicherer wir leben,
Je fleißiger wir streben:
Wann fällt der Turm zu Babel
Nachbarn endlich auf die Gabel
Oder besser auf den Nabel?
Liegen da die bösen Reichen
Auch mal unter Autoleichen?

Heute träumen kleine Tippsen
Schon von Kleinstapokalypsen,
Und jedes schrille Gör
Ist Autocrash-Voyeur.
Auch diese doofen Strophen
Sind geil auf Katastrophen?

Nur die Show der blut'gen Beile
Vertreibt uns noch die Langeweile.
Und dann noch Photo-Konterfei:
"Seht, ja, ich war auch dabei!"

Alpha und Omega der Geschichte

Konkurrenzkampf zwischen dem Alten und dem Neuen führt zum Sieg des Neuen, aber das Brandneue verdeckt nur das Uralte und soll seine Bedeutung auch gnädig verdecken, um es vor dem Lebensrecht des Neuen zu schützen. Hinter dem Schutzschild des triumphierend Neuesten überlebt das Älteste und wartet auf die Stunde seiner Wiederkehr, der erneuten Chance, seine noch uneingelösten Geltungspotentiale ins Spiel zu bringen. Die fernere Zukunft ist nämlich die Vergangenheit der Vergangenheit, und die Vorvergangenheit bildet die Zukunft jeder Zukunft. Uranfängliches, Gottes eigenes Schöpfungswerk, provoziert die eifersüchtigen Versuche seiner spätesten Geschöpfe, es wieder aus der Welt zu schaffen, zu vernichten und zu entwerten.

Der Schöpfer läßt die Eigenschöpfungen seiner ebenbildlich letzten Geschöpfe zu, denn vor ihnen in Sicherheit ist seine Wahrheit nur, wo sie dieses Menschenwerk gewähren läßt und sich dahinter verbirgt und in Vergessenheit bringt. Im Schutze eines triumphierend Allerneuesten überwintert das besiegte Uralte und erwartet seine Auferstehung. Adorno hatte Unrecht, alles "Ursprungsdenken" als Machtideologie zu perhorreszieren, auch wenn er Recht hatte, es in Heideggers Seynsgeschichten nur zurückzuweisen.

Jeweils Neues verdrängt das Ältere, schiebt es nach hinten ins Vergessen. Jeder Sieger schreibt die Geschichte ganz legitim zu seinen Gunsten um, denn jeder will leben und nicht von mächtigen Toten erdrückt werden. Aber das vom Neuen immer weiter zurückgedrängte Ursprungsgeschehen ist damit nicht aus der Welt, sondern im Gedächtnis Gottes umso lebendiger, je toter es im Gedächtnis der Menschen ist.

Der Ur-sprung läßt selber ent-springen, was ihn entmachtet und veralten lässt, aber hat sein historisches Überholtsein durch alles Spätere immer schon selbst überholt, und das Wesen von Geschichte besteht vielleicht darin, *wenn es soweit ist,* das unwiederbringlich Verlorene zu wiederholen, also aus dem Schoß des Vergessens Schicht für Schicht wieder hervorzuholen. Das Verabschieden in die Vergangenheit ist ja ein Gesetz, das verabschiedet, durch das Vergessenwerden gerade in Kraft gesetzt und ratifiziert wird. Gott handelt mit dem, was er uns unmerklich vergessen macht, ohne daß wir damit rechnen und dafür zur Rechenschaft gezogen werden können. Und was uns beschäftigt, kann er getrost vergessen, weil es nicht zählt, aber er vergißt nicht unser Vergessen. Seit der Mensch auf Erden wandelt, läßt er Gottes Werk nicht einfach, wie es nun einmal ist, sondern wandelt es um und modelt es nach seinem eigenen Geschmack. Er glaubt es besser zu wissen, was das Beste für ihn ist, er hat seinen eigenen Kopf und geht mit dem Kopf durch die Wand in die Fortschrittskatastrophen.

Heidegger hatte durchaus Recht mit seiner Vermutung, dass das Älteste des Alten damit nicht abgetan, sondern uns noch bevorsteht und aufgespart sei. Unser Verstand steht vor dem, was ihm bevorsteht, wie die Kuh vorm neuen Tor. Wir erwarten nicht, was uns erwartet, und sollen es auch nicht erwarten und gewärtigen. Hinter dem Rücken unserer Pläne und Vorhaben verfolgt der Allmächtige dank seiner Vorsehung mit zäher Geduld durch die Jahrtausende seine eigenen Ziele, die er nur im Schutz unserer Verblendung, "unter dem Schleier unseres Unwissens" (Rawls), der uns die strafwürdige Schuldfähigkeit raubt, erreichen will. Denn seine Mühlen mahlen und malen langsam, und wir sollen nicht wissen, was wir tun, weil wir nicht wissen sollen, was Er tut.

Die List seiner Vernunft ist eben nicht die List unserer Vernunft, um mit Hegel zu sprechen und doch etwas anderes zu meinen, sondern bedient sich ihrer incognito. Wir glauben, ihn und seine Absichten für unsere Vorhaben einzuspannen, und sind doch gerade dadurch unerkannt nur in seine Vorhaben eingespannt. Heidegger hielt ganz zu Recht das Ursprünglichste für das Zukünftigste, aber er irrte, wenn er es in einer so späten Form wie im Denken des Parmenides zu entdecken glaubte. Das Ursprüngliche geschah nicht erst um 600 v. Chr. in Hellas, sondern eher um einen Faktor zehn früher in Altbabylonien oder Altägypten. Die frühen Chinesen, Ägypter, Indianer, Inuits, Chaldäer und mittelamerikanischen Mayas sind viel "unvordenklich" älter als die altgriechischen Vorsokratiker der kleinasiatischen Küstenstädte. Sie dachten auf Erden im Einklang mit dem Himmel, den sie seit Urzeiten aufmerksam durchmusterten.

Parmenides ist einer der frühesten griechischen Philosophen und zugleich doch nur ein später Nachkömmling der alten Orientalen. Das "Eigentliche", das ignorierte Erste, geschieht gut verborgen hinter dem Triumph des jeweils Neuesten, aber das Unabgegoltene am Ältesten des Alten, sein noch Uneingelöstes, wartet auf seine erneute Stunde, die nicht nur die Stunde der Wiedererinnerung durch menschliche Vorhersagen und Vorsicht ist, sondern auch die Stunde seiner Wiederkehr durch die Vorsehung. Max Scheler sagte zu H. Berl 1927 : "Heidegger ist ein statischer Denker, ich bin ein dynamischer. Ihm liegen die Griechen, mir die Propheten."

Gott läßt den Menschen ihren Willen, weil er sie frei geschaffen hat, und Hegels Geschichtsphilosophie ist nicht falsch, weil sie die dialektische "List der Vernunft" postuliert, sondern weil sie wohl einen Unterschied kennt zwischen menschlichen Leidenschaften und menschlicher Vernunft, aber panlogisch kaum einen Hauptunterschied zwischen menschlicher und göttlicher Vernunft.

Die rechtsstaatliche Hochindustrie-Nation zivilisierter Großstädter mag die ultima ratio abendländischer Praxis sein, aber vor dem biblisch bezeugten Gott ein einziger Irrweg, eine wieder abzubauende Veranstaltung und eine einzige Sabotage des Ursprungsprojektes. Er verschont unsere Gegenschöpfungen, wie er die frevelhaften Bewohner von Ninive verschont hat, solange wir nicht wissen, was wir tun. Wenn wir es wüßten, würden wir es nicht tun oder wären längst bis auf die Grundfesten widerlegt. Sein Urprojekt fordert unsere Gegenprojekte

heraus, hinter denen es gut vor unseren Anschlägen
geschützt und versteckt ist. Er vertraut sein Vorhaben allein unserem Widerwillen an. Wir halten
uns gern für seine besten Mitarbeiter und sind das
ziemlich genaue Gegenteil davon. Die vermeintliche
Cooperatio Dei meint meistens eine antitheistische
Konterrevolution, durch die ganze Heils- und Un-
heilsgeschichte hindurch.

Hegel zeigt ziemlich gut, wie sich seit dem
Sündenfall die geschichtliche Vernunft durchsetzt
hinter dem Rücken menschlicher Interessenvertre-
tungen, aber er zeigt nicht, wie diese List der höhe-
ren Vernunft Gottes hinter dem Rücken dieser sozialen Vernunft obsiegt. Für Hegel war der biblische
Garten Eden nur der "Park der Tiere", und er verwechselt Naturförmigkeit mit bloßer Animalität und
roher Bestialität, weil er die Natur nur als Urselbst-
entfremdung des „heiligen Geistes“ sehen konnte,
nicht das Essen vom "Baum der Erkenntnis" ur-
menschlicher Möglichkeiten umgekehrt als Urent-
fremdung vom primordialen Schöpfungsplan.

Jede Epoche korrigiert die vorige, will es
besser machen und sieht nur, was sie verbessert, und
nicht, was mit dem Überwundenen an Gutem un-
widerbringlich verloren geht. Wie viel unbemerkt

Gutes verschwindet mit jedem offensichtlich Unguten, und wie viel Rückschritt steckt in jedem Fortschritt, ohne doch aufgerechnet werden zu können?

Horkheimer erinnerte uns daran, daß mit der Antibabypille nicht nur viel reales Elend, sondern auch die Idee der romantischen Liebe ein für allemal beseitigt wurde, und ganze Bereiche der Weltliteratur dadurch ihren Sinn und Wert eingebüßt haben. Man kann und soll nicht in die Vergangenheit zurück, aber die perfekte Vorvergangenheit des Plusquamperfekts wird von ganz allein wiederkehren, sobald die hinreichenden Bedingungen dafür vorliegen. Die gute alte Zeit war weder so gut noch so schlecht, wie sie an die Wand gemalt wird : Sie war die Hölle, aber nicht nur vor einer lichteren Gegenwart, sondern vor allem vor der Vorvergangenheit und Vorzeit. – Der weichenstellende Aufbruch der "Achsenzeit" (Jaspers) ein halbes Jahrtausend vor Christus lässt sich ja gut als initialzündende Vorgeschichte des Abendlandes verstehen, aber auch als dekadenten Ausklang einer fast unbekannten Frühgeschichte, aus der viel mehr fossile Knochen als geschriebene Worte zu uns sprechen. Was wir Zivilisation nennen, erlebte dort seinen endgültigen Durchbruch, die stets zunehmende gesellschaftliche Kontrolle der inneren und äußeren Naturvorgänge,

Hand in Hand mit staatlichen Zentralisierungen und technologischen Innovationsschüben. Die eher flachen und lockeren Stammeshierarchien der alten Nomadensippen, die Freiheit mit Genügsamkeit erkauften, wurden dann verdrängt von den immer steileren Machthierarchien der Stadtkulturen, die Lebensversicherung gegen Sklavenarbeit boten. Der Mensch wurde das Unmaß aller Dinge, auch der Götter, die bisher das Maß aller Menschen und Dinge waren. Der Stoffwechsel der Sterblichen mit der großen Natur wird seither tendenziell nicht länger in Wechselwirkung mit Himmlischen einvernehmlich geregelt. Die Weltgeschichte besteht vielleicht nicht darin, daß jede Generation die Fehler ihrer Vorgänger zu beheben sucht, sondern dadurch Mängel und Gräuel in die Welt setzt, die diesen Vorgängern noch völlig unbekannt und unvorstellbar waren.

Früher war fast alles schlechter, aber nur in frühester Zeit so gut wie am besten. Wenn ein vollkommener Zustand langsam zu einem verkommenen Mißstand degeneriert, muß er ständig ausgebessert und geflickt werden, ohne den höchsten Urwert je wiederzuerlangen, d. h. das erste Vollkommene verkommt schneller, als alle Mißstände aufgehoben werden können. Hegels dialektischer "Kreis von Kreisen" läßt sich auch ganz anders verstehen, denn vielleicht schieben wir den Ur-Sprung immer weiter in die Vergangenheit, bis er uns am anderen Ende aus der Zukunft erneut entgegenkommt. Was vergeht, verliert sich nicht, sondern kommt wieder auf uns zu − aus der entgegengesetzten Richtung. Nietzsches "Ewige Wiederkehr des Gleichen" rehabilitiert sich als ein enzyklopädischer Weltzyklus, in dem das Ursprüngliche in die fernste Vergangenheit nur zurückfällt, weil es somit als fernste Zukunft zurückkehrt und diese allererst entspringen läßt. Ein Kommen und Gehen : Die Zeit vergeht, indem sie in jedem Augenblick wieder auf uns zu(rück)kommt. Der göttliche Ursprung kehrt zurück, indem er in Vorgeschichte zurückfällt und von der menschlichen Weltgeschichte verdrängt wird.

Heraklit und noch Aristoteles kannten den "sphärischen Kosmos", der in äonischen Abfolgen rhythmisch in sich zurückläuft, "in Maßen verglimmend und auflodernd". Was uns annoch bevorsteht aus den Tiefen der Zeiten, ist das Wesentliche, das vormals längst immer wieder gewesen und vergessen ist. Es ist vergangen, weil Menschen sich dagegen vergangen haben, und wird zurückkommen, nachdem alles Menschenwerk abgeräumt ist, wenn man nur weit genug in der Zeit zurückgeht. Messianische Zeit ist die Wiederkunft des göttlichen Ursprungs, wenn *praemittis praemittendis* die Zeit dafür reif ist. Im Anfang war Gottes Wort – und das Vollkommene immer schon vollendet. Was der Ursprung ent-springen läßt, ist dieser ständige Aufstand des Verstandes gegen dessen Perfektion und der ständige Abstand von dieser Perfektion. Das Perfekte ist das immer schon (Ab-)Getane und anfänglich vom Schöpfer gut Gemachte und auch immer Wiedergutgemachte.

Die Weltgeschichte legt Schicht für Schicht aus, was im dichten Ursprung noch verborgen liegt, der Aufstand des „gesunden Menschenverstandes" gegen den Anfang, als Abstand von ihm – der unablässige Versuch, diesen Uranfang hinter sich zu lassen als vermeintlich Minderes und Unentwickeltes, Rohes und Primitives, ihn zu überholen und zu übertreffen. Hier wird nicht nur eine zarte Anlage entfaltet, sondern darin auch ihr allzu menschlicher Widersacher und geschichtlicher Gegenspieler freigesetzt und gegen sich aufgebracht.

Wenn der Ursprung des „äonischen" Weltalters nicht nur als Kind vor dem Erwachsenen gesehen wird, sondern auch als Urbild vor dem Abbild, als allgemeine Ideen-Matrize *vor* den besonderen Exemplaren, werden in den ausgestalteten Dingen nicht nur die ausgereiften Spätformen, sondern im Gegenteil auch die bloß noch verschwommenen Kopien der Kopien erkannt. Gegenüber allem Späteren ist das Ursprünglichste sein eigenes Urbild und kommt der platonischen Idee am nächsten, die in ihrer perfekten Reinheit und alten Frische vielleicht nach jedem "Platonischen Jahr" zurückkehrt, um es erneut mit allem Irdischen zu versuchen. Gottes Schöpfung verhält sich zum Menschenwerk nicht nur wie der Samen zur Knospe oder zur Frucht, sondern wie der Nachthimmel zur Maschinenfabrik.

„Was jetzt geschieht, das ist schon geschehen, und was sein wird, ist auch schon längst gewesen, und Gott holt wieder hervor, was vergangen ist." (Koheleth 3,15)

Zieh dein großes Sprachlos nicht sprachlos!

Auf los geht's los, geht Krach los,
doch das macht mich nicht sprachlos:
Ich zog das große Sprachlos.

Je klarer die Sache,
desto dunkler die Sprache.
Je dunkler die Mache,
desto klarer die Sprache.

Quält dich überstarker Eindruck,
lös ihn auf durch deinen Ausdruck!
Erdrücken dich die Impressionen,
dann helfen nur die Expressionen
und nicht die großen Explosionen.

Das ist die Sprache,
die kommt zur Sache
und nicht zur Rache.
Da kommst du zu dir,
zu uns und auch zu mir
und bleibst kein grunzend' Tier.
Aus großen ganzen Wichtigkeiten
holt Sprache sich die Einzelheiten.

Im Anfang sprach ein Lord:
Im Anfang war das Wort
„Fleisch" und war der Tort
und Mord an jedem Ort,
denn nach Kain und Abel
begann das Sündenbabel,
es ist der Welt ihr Nabel.

Wenn alle sich verstehen,
muss der Babelturm entstehen
in den Himmel
mit dem Pimmel.

Nur *viele* Sprachen und *Ein* Gott
erlösen uns vom ew'gen Trott.
Sprache ist das „Haus des Seins"
und keineswegs die „Laus des Schweins"
oder eine „Maus im Wein".

Soviel Sprachen, soviel Welten,
und jede will schier alles gelten,
dann ist ein Verständnis selten:
Wettbewerb von Sicht zu Sicht
bringt nicht Licht in jeden Wicht?
„Esprit", das ist kein deutscher „Geist",
der auf Bonmots aus Frankreich sch…,
und auch kein britisch cooler „wit"
teilt uns ein Verständnis mit.

Lost a bit by all translation
from a nation to a nation:
Das ist pur die Literatur,
und keine Makulatur!

Die Natur ist sprachlos,
die Kultur macht rachlos.
Es muss nicht immer Englisch sein,
darf es auch mal Polnisch sein?

Deutsche sind nicht stumm,
Deutsche sind nur dumm.
Deutschland hat Tendenzeinseifer
und bissige Soldatenschleifer,
doch Polen hat *Sentenzenschleifer*:
Lies den *Stanislaw J. Lec*,
der macht klüger als dein Netz.

Raffe nicht nur deine Kohlen,
du kannst dir Besseres ja holen,
z.B. jederzeit aus Polen.
Man muss sie nicht versohlen,
die uns nimmer nur verkohlen.

Willst du mal schmelzen, Zwerg,
dann musst du wälzen's Werk
des Polen Henryk *Elzenberg*.

Lies seinen „Kummer mit dem Sein"
(nicht die "Nummer mit dem Schwein")
in deutscher Übersetzung
mit mancher Sinnverletzung,
doch ohne Eigenüberschätzung.

Hab „Kummer mit dem Sein",
nicht „Hummer mit'm Wein",
und beim Lesen während-
dessen von ihm zehrend,
lies auch *Waclaw Berent;*
lies in deinem Lenz
seine frühe "Pestilenz".

Wir sind nicht gar so stumm.
Wir sind nur krumm und dumm.

Nur wer nichts will,
wird ein Stück Natur.

Meine deutsche Literaturgeschichte kompakt

Seit das bürgerliche Leben keine feudalen Helden mehr kennt, ist ihm der Geschmack an den edlen Recken vergangen. Feiglinge lieben Geschichten, die von noch größeren Angsthasen handeln und die eigene Kleinmütigkeit nicht verspotten oder verurteilen. Berufliche Konkurrenzkämpfe kennen nur noch Produktionsschlachten, keine Kriegerehre und ritterlichen Zweikämpfe mehr. Wer lieber in Kilometern rechnet als in Hexametern redet, findet diese Heldenepen nun so langweilig wie das spätere Nibelungenlied um den Proleten Siegfried und das böse Rheingold.

Ist es ein Zufall, dass man in der Literatur mehr von Glücksrittern als von Geisteshelden lesen kann?

Die gesamte versifizierte Literatur adeliger Hofgesellschaften wird vom modernen Prosa-Leser beherzt übersprungen, ihm fehlt alle Kultur und Dressur, um deren Delikatesse goutieren zu können.

Die alt- und mittelhochdeutsche Literatur ist im Original für heutige Deutsche nur lesbar als fremd-sprachige Texte. Für mich beginnt es um 1400 mit dem "Ackermann aus Böhmen", der Totenklage **Johannes von Tepls** um seine verstorbene Frau. Kurz nach der Vertreibung seiner monotheistischen Rivalen aus dem hochchristlichen Europa erschien Sebastian **Brants** "Narrenschiff", Auftakt zu zwei Jahrhunderten an Narrenliteratur.

1509 widmete **Erasmus** v. Rotterdam das ironische Selbst-"Lob der Torheit" dem Engländer Thomas Morus. Der erste freie Euro-Literat war kein Feig-ling vor dem Reformator, sondern ein toleranter Kulturchrist gegen den Bauernfeind Luther.

Das lyrische Barock gipfelte wohl in den Vanitas-Gedichten des Andreas **Gryphius** und in den epi-grammatischen "Sinngedichten" Friedrich **Logau**s. Für Leute, die nicht mehr glaubensfest waren und doch nicht auf Religion verzichten konnten, schrieb Angelus **Silesius** die evangelischen Paradoxe seines "Cherubinischen Wandersmanns".

Grimmelshausens "Simplicissimus" war gar keine harte und wüste Simpliziade, sondern der 30-jährige Krieg auf Papier und endete in der Klostersinekure.

Hinrich **Brockes** "Irdisches Vergnügen in Gott", ein liebevoll behagliches Ausmalen der Schöpfung, und S. **Geßners** natursanfte "Idyllen", die von Rousseau so begrüßt wurden, erschöpften wohl schon den lyrischen Qualitätsertrag der Aufklärung. Lessing nannte sich eher einen Kritiker als einen Poeten.

Die aufgeklärte Prosa, die noch stichhält, teilt sich in **Lichtenbergs** aphoristische "Sudelbücher" und **Lessings** "Nathan der Weise", der die unchristliche Trinität der monotheistischen Religionen zum edlen Wettstreit aufruft und nicht zu gegenseitigen Ausrottungsfeldzügen. – Hier wäre leicht anzuknüpfen und der Rest ungnädig zu vergessen.

In deutscher Sprache entstanden zu jener Zeit die pastoralen „Idyllen" des Schweizers **Salomon Geßner**, vom Frankreich Rousseaus gefeiert als eine einzige Absage an das sesshaft moderne Europa, in der ganzen Breite vom feudalen Ackerbau bis zur industriellen Produktion, eine Sehnsucht zurück zu bukolischen Schäferstündchen von müßigen Hirtennomaden aus dem biblischen Eden.

Christoph **Wieland**, ein windiger Sprachvirtuose, der weniger Mut als Anmut hatte, glaubte nichts Besseres geschrieben zu haben als den wenig zynischen "Nachlass des Diogenes von Sinope" von 1770. (Arno Schmidt ließ "Clelia und Sinibald" gelten, die rokoko-erotische Verserzählung des 50-Jährigen.) Den besten Anschluß an leichtfüßig un-deutsche Rokoko-Eleganz schaffte er mit seinem „Agathon" und „Aristipp" und war laut Benjamin so etwas wie ein Feuilletonredakteur für die Antike.

Der "Anton Reiser" von Karl Philipp **Moritz** und S. **Maimons** "Lebensbeschreibung" sind erschütternde proletarische Autobiographien und gehören zusammen. (Maimon wurde ein „missing link" zwischen dem Aufklärer Kant und dem Idealisten Fichte,)

Der unpolitisch erzidyllische "Wandsbeker Bote" Matthias **Claudius** hatte zwei moderne Fürsprecher gefunden in dem scharf(sinnig)en Karl Kraus und dem Berufsgrantler Schopenhauer, ganz zu Recht.

Die „Weimarer Dioskuren" **Goethe** und **Schiller** bleiben im Urteil der Gebildeten so unübertroffen wie ungelesen. „Faust" gilt heute nur noch als ein Umweltsünder schlimmster Provenienz, als übler Macher, Natur- und Frauenschänder und als gewis-senloser Abenteurer, der dafür auch noch in den Himmel kommt.

Deutsche Hexameter in „Reineke Fuchs" wie in „Hermann und Dorothea" sind samt deutschem Griechenkult inzwischen als ein einziges Missverständnis der Antike entlarvt.

Kunstneurotiker *Tasso*, Freiheitskämpfer *Egmont* und die „verteufelt humane" *Iphigenie* – glutvolle Worte, die viele nur noch kalt lassen.

Goethes Romane von den „Wahlverwandtschaften" (zwischenmenschliche Chemie ist alles) bis hin zum „Wilhelm Meister" (Abrichtung des Wut-Künstlers zum Spießbürger) hatte Arno Schmidt recht schlecht konstruiert und allzu bieder befunden.

Der „Werther" war dem unbestechlichen Fontane die wohl eher fragwürdige Geschichte eines feigen Freundesverräters.

Die „Farbenlehre" (Farben als trübe Mischung aus Nacht und Licht), auf die der Naturfreund Goethe stolzer war als auf den Naturschänder „Faust", sind trotz Schopenhauers und Hegels Lob bloß noch eine poetische Ästhetik statt eine ernste Konkurrenz zu Newton und dessen Nachfolgern.

„Moraltrompeter" *Schiller* imponiert eher rhetorisch im Essay als am Theater, als genialer Historiker denn als Trauerspieler. – Zwischen dem frühen „Fiesco" und der späten „Braut von Messina" fällt

Kabale und Liebe um Wallenstein, Carlos und Tell inzwischen ins gähnend Leere.

Von **Goethe** bleibt mir "Hermann und Dorothea" und einige Lyrik. "Tasso" hätte die Aristokraten zum Teufel schicken sollen, statt sich von ihnen abhängig zu machen, ist aber eine reiche Sentenzen-Fundgrube.
"Wilhelm Meister" bestätigt die trostlose Binsen-weisheit, daß die Menschwerdung darin besteht, die brotlose Kunst des fahrenden Schauspielers gegen die bürgerliche Karriere eines Chirurgen einzutau-schen. Schon Novalis protestierte gut romantisch gegen diese "Entsagenden", die den verkrachten Künstler zum nützlichen Pfahlbürger erheben.
"Die Wahlverwandtschaften" feiern die schwüle Swinger-Alchemie des Partnertauschs. Und warum ist Heinrich "Faust" eigentlich nicht wie Famulus Wagner bei seinen alten Folianten und Retorten geblieben und hat ohne den Mephisto sein Gretchen geheiratet?
Die Autobiographie "Dichtung und Wahrheit" ver-schweigt mehr als sie enthüllt, und ist viel weniger ergiebig als "Eckermanns Gespräche mit Goethe", die Nietzsche pries.
Seine nicht immer sehr originellen, aber anregenden "Maximen und Reflexionen" werden allzu wenig

gelesen. Der Lustgreis warf noch einen ganzen Phantasie-Harem auf den "Westöstlichen Diwan" und gab uns einen vielleicht falschen Orient.

Goethe war ein reicher Naturfreund, der von Physik nichts verstand, und sein Freund **Schiller** ein armer Geschichtsschreiber, der mit Kolportagedramen agitierte. Ich empfehle eine Auswahl seiner Gedankenlyrik und eine Blütenlese rhetorischer Sentenzen aus seinen Theaterstücken. "Die Braut von Messina", perfekt komponiert wie "Maria Stuart", ist wohl sein klassisch bestes Stück "Pathos in Marmor".

Die klassische „Kunstperiode" von Weimar zerfiel in Romantiker und Realisten, starb aber kaum an soziohistorischer Irrelevanz.

Das Beste aus der Ruinen-Romantik steht in jeder Anthologie romantischer Lyrik. − „Heinrich von Ofterdingen" des *Novalis* sehnt sich nach der blauen Blume mystischen Edelkitsches, aber *Eichendorffs* „Taugenichts" taugt von romantischen Romanen noch am meisten. Die sehnsüchtig nomadisierenden Gedichte der beiden Katholiken **Eichendorff** und **Brentano** werden vieles Neuheidnische des 20. Jahrhunderts spielend überleben.

Romantische Fragmente aus **Novalis** "Allgemeinem Brouillon" und aus Friedrich **Schlegels** "Philosophischen Lehrjahren" wären erst noch zu entdecken.

„Gespenster-*Hoffmann*" überzeugt weiter, postmoderner noch als Thomas Mann, im grotesken Kampf zwischen dem Künstler Kreisler und dem Bürger-„Kater Murr".

Heinrich v Kleists preußischer Gefühlsabsolutismus wird zwar von unseren gefühlsarmen Lesern wieder hoch gehandelt, wirkt aber doch recht „bipolar" und als manisches Antidepressivum nur wenig geeignet: Wenn Penthesilea ihren Achill zum Fressen gern hat, wird ihr ganz kannibalisch wohl, übertrifft aber nicht die „Familie Schroffenstein".

Jean Paul war wohl immer nur ein Autor für Autoren; dieses Wechselbad aus Satiren, Sentenzen und Idyllen ist allen zu anstrengend. "Vermutlich der genialste Aphoristiker, den wir je hatten", sagte Rolf Vollmann von *Jean Paul,* und auch der größte Idylliker, wäre hinzuzufügen, neben Johann Peter **Hebel** mit seinem "Schatzkästlein des Rheinischen Hausfreunds". Um 1800 rechnete Richters voluminöser "Titan" ab mit dem Geniekult der Weimarer Klassik und der Jenaer Frühromantik zugleich.

"Das Leben Fibels" und "Quintus Fixlein" sind die Nachfolger des "vergnügten Schulmeisterlein Wuz", der sich die blanke Not mit Büchern wegschrieb.

Hölderlins elaborierte Kreuzungen aus „Dionysos" und dem Gekreuzigten kapiert kaum noch ein Ungelehrter. Nicht wenige Gedichte **Hölderlins** aus seiner mittleren Lebenszeit sind es wert, auch heute lebenslang auswendig gewusst zu werden.

Das "Biedermeier" wird gewöhnlich weit unterschätzt als bloße Spießeridylle, die den Kopf in den Sand stecke vor sozialen Miseren und politischem Änderungsbedarf. Aber **Mörikes** "Idyll vom Bodensee", sein "Maler Nolten" und die feinen Theokrit-Übersetzungen sind eher schöpferisch resigniert als nur knöchern philiströs.

Von **Grillparzer** und **Hebbel** lesen sich heute noch am besten die Tagebücher.

Bei **Gottfried Keller** geriet die Romantik etwas zu realistisch und der Realismus etwas zu romantisch.

Adalbert Stifters „Der Nachsommer" (1857), einer der größten deutschen Romane, verherrlicht eine biedermeierliche Utopie des *sanften Gesetzes*, ein

Gegenstück zum allzu wüsten „Simplicissimus" von Grimmelshausen aus dem Dreißigjährigen Krieg. Anders als Arno Schmidt sehe ich in Stifter weniger den "sanften Unmenschen" als den "Seelenfriedenstifter" voll "Andacht zum Kleinen". Walter Muschg nannte den "Nachsommer" von 1857 "herrlich" und könnte von ihm dasselbe sagen wie **Fontane** von seinem Alterswerk "Stechlin": "Von Verwicklungen und Lösungen, von Herzenskonflikten oder Konflikten überhaupt, von Spannungen und Überraschungen findet sich nichts."

Vom Hugenotten **Theodor Fontane**, pläsierliche Mixtur aus Paris und Berlin, blieben nicht die Gedichte, wie er hoffte, sondern die späten Plaudereien des „Stechlin" und zauberhafte Brief-Causerien.

Der witzige Hedonist Heinrich **Heine** wird vielleicht überschätzt. Er schnorrte bei reichen Verwandten, ließ sich taufen, um Karriere zu machen, und wagte sich von keinen Gefühlen überwältigen zu lassen, ohne sie zugleich ironisch zu distanzieren, wodurch er sich selbst permanent dementierte, bis er konsequent einer Lähmungskrankheit erlag. Karl Kraus schimpfte ihn den geistigen Vorvater des modernen Pressefeuilletonismus.

"Dantons Tod" des jungen Georg **Büchner** ist ein blendendes revolutionsrhetorisches Feuerwerk im französischen Deklamationsstil. Von *Büchner* werden nun leider nur noch „Woyzeck" und „Lenz" gelesen, nicht mehr aber „Leonce und Lena".

Unter den vielen Erzählern des "Realismus" gebe ich die Palme nicht Gottfried Kellers "Geschichten aus Seldwyla", sondern Jeremias **Gotthelfs** "Käserei in der Vehfreude" und auch noch Wilhelm **Raabes** "Chronik der Sperlinggasse" – ganz ohne Handlung, Konflikt und *action thrill*.

Von Gerhart **Hauptmann** brauche ich nicht mehr "Weber" und "Biberpelz", sondern die Hexameter-Idylle "Anna" und "Der Narr in Christo Emmanuel Quint", ein Roman über einen Proletarier, der die Religion ernster nimmt als sein Ausbeuter.

Niemand verknüpft mir die Gefühle und Gedanken lyrisch sinnreicher als **Rilke** in seinen "Duineser Elegien" und "Sonetten an Orpheus" und spätesten Gedichten.

Alfred **Döblin**, der oft sich selbst im Wege stand, zeigte in "Berlin Alexanderplatz" nur, wie sich ein

Mittelständler einen waschechten Mann aus dem Volk vorstellt. Von Berlin verstand er mehr.

Kafka war selbst schuld, daß er sich lebenslänglich schuldig fühlte vor ebenso inkompetenten wie illegalen Gerichtshöfen in seiner Brust, weil er Gottes "Gesetz" nicht (an)erkennen konnte. Ein heilloser Narziß verliebte sich in seine Neurose und machte allen Tolpatschen der Welt unerbittlich Mut zu ihren Ungeschicklichkeiten. Vielleicht sollte er wie Freud noch als schwarzer Humorist gelesen werden. (Oder war er vielleicht schizophren gewesen?)

Weithin unterschätzt als bloße „Gartenlaube" sind jedoch **Heinrich Seidels** heitere Prosa-Idyllen um „Leberecht Hühnchen".

Thomas Manns „Zauberberg" (1924) und *Hermann Hesses* „Glasperlenspiel (1943) sind ganz reizende Eskapismen : Romane als weltanschaulich süffige Plaudereien wie *Aldous Huxleys* „Kontrapunkt des Lebens" (1928). Th. Manns „Doktor Faustus" wirkt mythen-ideologisch überfrachtet; deutscher Teufelspakt gebar ja nicht gerade Schönbergs Zwölftonmusik, die alle eher kalt ließ, als ihnen nun höllisch einzuheizen. Das unverkannte Genie der Bürgersatire will auf die Wonnen bürgerlicher Gewöhnlichkeit aber nicht verzichten.

Thomas **Manns** "Zauberberg" von 1924 und Robert **Musils** "Mann ohne Eigenschaften" von 1930 bis 1952 sind idyllische Dialogromane, in denen an der Wahrheit betörend vorbeigeplaudert wird, um zum Glück nicht handeln zu müssen. − So quietistisch schön diskutierten Bildungsbürger sich an den Ausbruch des Weltkriegs heran. Castorp flüchtet sich in Krankheiten und Ulrich in den "Essayismus", der vor lauter geschwister-inzestuösem "Möglichkeitssinn" die Realitätsprobe verspielt, ein kluger Sowohl-als-auch-weder-noch. Man spielt alles durch, um sich begrifflich nicht festlegen zu müssen, für alles verfügbar und deshalb keine Farbe bekennend. Unter dem feilen Vorwand, keine Dogmatiker sein zu wollen, kennen diese Leute keine Wahrheit mehr und jonglieren mit Fiktionen. *Musils* „Mann ohne Eigenschaften" liest sich als amüsante Kultursatire, deren gedanklicher Gehalt aber dann doch, Adorno hat es zu Recht gerügt, allzu neopositivistisch beschränkt bleibt in den Essay-Einlagen.

Hesses geistiges "Glasperlenspiel" der Ideen mitten im 2. Weltkrieg ist ebenso treffsicher desengagiert. Von *Hesse* bleibt vielleicht noch der sentimentale frühe „Peter Camenzind", doch „Unterm Rad" ist längst so historisch wie *Musils* „Törleß".

Brecht, ein rücksichtsloser Manager seines Ruhms, war ein steriler Zuvielschreiber, der rechte Teufel durch rote Beelzebubs austreiben wollte und die Revolution in den Dienst seines Theaters stellte statt die Bühne in den Dienst der Politik. Früher liebte ich seine "Heilige Johanna der Schlachthöfe", doch wohl nur seine Gedichte überleben seinen Vulgär-Sozialismus. *Brechts* überberühmte Theaterstücke waren schon zu seinen Lebzeiten heillos veraltet und proletarisch unbrauchbar.

Danach fanden nur noch **Arno Schmidt, Hermann Lenz** und **Martin Walser** meine Aufmerksamkeit. Von *Schmidt* empfehlen sich noch die Erzählungen und "Abend mit Goldrand", von *Lenz* die Eugen-Rapp-Romane, besonders "Der Wanderer", und von Martin *Walser* "Ehen in Philipsburg" und "Jenseits der Liebe".

L o s !

"Beredtes Schweigen",
wo alle sich verneigen,
kann wenig vergeigen.

Man schweigt beredt,
was sprachlos gerät
und noch Tiefe verrät,
doch rasselt und sabbelt
und quasselt und brabbelt
und sagt doch nichts
von Gewichts.
Garnichtssagend dumm
ist vielsprechend stumm.

"Halt! Die Losung?!"
(Im Walde liegt des Wildes Losung)
Warum erlöst dich kein "Los!"
von deinem Schicksalslos,
nicht mal vom Mutterschoß?

Warum ist das Wörtchen "Stille"
nicht endlich auch mal stille,
auch nicht per Pille
oder per Wille?

Doch bin ich klamm und böse,
kommt Erlösung durch Erlöse
ohne s(pr)achliches Getöse?

"Los!" – Aber wohin ?
Woher kommt das Wohin,
wenn ich alles los bin?
Auf los
geht's bloß
in die Hos'.

Auf Los! geht's loser,
sagen User als Loser:
Auf sprachlos
geht's sprachloser.

Erst kommt die Fraßmoral, dann das Diner

Die Reichen gehen tafeln, die Armen zur "Tafel".
"Dem Adel das Beste, dem Pöbel die Reste".

"Zurück zur Natur" oder vorwärts
zum "Verein freier Produzenten"?

Holen wir etwas weiter aus, um mehr einzubringen.
Wir wollen hier nicht bei Adam und Eva anfangen,
aber doch bei den Kindern von „Karl Marx und
Coca Cola" vor einem halben Jahrhundert − mit
einer kleinen zeitgeschichtlichen Erinnerung, die
uns heutigere „Bewegungen" vielleicht etwas besser
zu verstehen hilft.

Als die hochfliegende „Revolution" der sogenannten
„Achtundsechziger" sich nur als Bruchlandung und
„Selbstmissverständnis" (Habermas) entpuppt hatte,
weil es im „sozialstaatlich gezähmten Spätkapita-
lismus" weder erzproletarische Revolutionäre noch
brandrevolutionäre Situationen mehr gab, begannen
die kleinbürgerlich wehleidigen Mittelstandsrebellen
ihre schmählich gescheiterte Weltveränderung eher
in einer Umweltverbesserung zu suchen. Der Löwe

sprang los und endete als Bettvorleger : Die stolz
geplante Sozialrevolution der unterdrückten Volks-
massen verkam auffallend rasch zu einer bloßen
„Kulturrevolution" verwöhnter Mittelstandskinder,
die ihre privilegierten Ausbildungen plötzlich nicht
mehr automatisch in hochdotierten Berufskarrieren
ausgezahlt sahen und das empörend fanden.

Fast über Nacht ging es nun nicht mehr darum, den
politischen „Klassenkampf" gegen private Produk-
tionsmittelbesitzer zu führen, um sein Leben nicht
länger als Funktionsrädchen in einem langweiligen
Hamsterkäfig von Produzenten und Konsumenten
zu beschließen, sondern nur noch hypermoralisch
gegen „Naturschänder" und „Baumfrevler", Regen-
waldfäller und Klimakiller einzuschreiten.

Alle im selben Boot − Kapitäne wie Rudersklaven?
Allein ein paar sexuelle Lockerungsübungen gegen
das „Establishment" fielen da noch ab wie nebenbei.
Außenpolitisch triumphierte bei *Friedensbewegten*
der „Neutralismus", der „Dritte Weg" zwischen den
martialischen Supermachtblöcken, also „ent-rüstete"
Kapitulation vor Moskaus totalitär „eurasischem"
Imperialismus. Als die Topklassenfeinde fungierten
links wie rechts die liberalmaterialistischen USA bis
heute.

Der Feminismus beendete die "Rote Revolte", als die sich doppelt unterdrückt gebenden Genossinnen begannen, die Genossen vom "SDS" härter zu bekämpfen als deren gemeinsamen „Klassenfeind".

Das war die Ausgangssituation. Es ist leichter, sich selbst als die Welt zu ändern, hatte *Descartes* vor fast vier Jahrhunderten in seiner "provisorischen Moral" geschrieben, und die hiesigen Katzenjammer-Kids von 1970 entdeckten es wieder neu. Statt die hier vorgefundene Ausbeutungsgesellschaft von "Rackets" (Horkheimer) solidarisch zu verwandeln in einen „Verein freier Menschen" (Marx), bastelte nun jeder nur noch an der grünen und seiner eigenen Natur herum. Urplötzlich schien Mutter Natur von ihren Industriebearbeitern härter ausgebeutet, geschunden und unterdrückt als diese von ihren Fabrikherren, mit denen sie sich einträchtig im selben Boot fanden : Alle vereint als arme Umweltopfer.

Nun kann man sich leider um seine körperliche Gesundheit nicht verstärkt sorgen, ohne langsam aber sicher geisteskrank zu werden. Nur Irre denken in ihrem Verfolgungswahn Tag und Nacht daran, von umherirrenden Industrieverbrechern systematisch vergiftet und verstrahlt zu werden. Nur Verrücktgemachten tut es gut, sich vorrangig mit Kalorientabellen, Low-Carb-Diäten, FDH-Religion, „freien Radikalen", Superfoodwissenschaftlern, Nahrungsergänzungsmitteln, Steinzeitrezepten, „Smoothies" und „Biologicals" zu beschäftigen. Da kultiviert sich allerdings kein Trashburger-Vielfraß zum delikaten Feinschmecker, ob nun Gourmet oder Gourmand, sondern zur Müllratte, die nur noch „Umweltgifte" vom eigenen Mittagsteller weghexen will.

Ins Naturparadies führt kein Weg zurück, die Bibel hat es prophezeit. Seit die ersten sesshaften Ackerbauern und Viehzüchter sich entschieden hatten, die bloßen Jäger und Sammler des vom Schöpfer Produzierten von ihrem gewaltsam abgezäunten Grund und Boden zu vertreiben und von der Erde zu vertilgen, um Gottes Schöpfung zum bloßen Rohmaterial ihrer eigenen verschlimmbessernden Schöpfungen zu machen, hat es der Mensch mehr mit seiner eigenen als mit der „naturbelassenen" Welt zu tun.

Seither ernährt er sich von industriell gezüchteten Pflanzen und Tieren, seit etwa zehn Jahrtausenden. Und das ist eine revolutionäre Einbahnstraße, die nach Gottes (alttestamentarischem) Wort nur in die Hölle der hochkulturellen Selbstvereitelung führen kann. Das moderne Paradox besteht darin, die von Industrien geschlagenen Naturwunden durch noch mehr und bessere Hochindustrien heilen zu wollen. Eine Supermaschine soll die Submaschinen reparieren, um "biologischen Anbau" für ökologisch zertifizierte Lebensmittelbeschaffung zu garantieren.

Einst veredelten wir auf Geheiß unserer Herren die rohe Natur zu raffinierten Luxusgütern, nun soll der höchste Luxus darin bestehen, den Raffinadezucker wieder in „naturbelassenen" Rübensirup zurückzuverwandeln — wie in der Kriegswirtschaft.

Für ein kulturelles Kunstprodukt wie den Menschen gibt es nichts Unnatürlicheres, als immer natürlicher leben zu wollen, also sich nur noch passioniert um Essen und Trinken, Körperpflege, Schlaf und Beischlaf zu kümmern wie das liebe Vieh. „Im Einklang mit der Natur" leben natürlich nicht die rohen oder „edlen Wilden" Rousseaus, die von aller Kultur unbeleckt auf Bäumen vegetieren oder mit nacktem Hintern auf allen Vieren kriechen. Vergleichsweise natürlich lebten nur die (unidealisierten) Nomaden der Vorzeit, nicht mehr ihre um Gut und Besitz sich ständig balgenden Ausrotter.

Natürlich lebt, wer nach (an)erkannten Naturgesetzen lebt, auf dem Feld der **Ernährung** also z.B. die biblischen Ernährungsgesetze peinlich genau beachtet, die guten Tipps vom „ollen Jott", vom uralten Weltproduzenten, der es am besten wissen muss, weil er allein seine Fabrikgeheimnisse kennt. Und Er lebt nicht vom Profit. Aber das alles gilt inzwischen ja als wissenschaftlich überholt und nur als Ausdruck einer veralteten Dorfreligion.

Jesus predigte, es sei wichtiger, was aus dem Mund herauskomme, als was in den Mund hineingehe, und wenn nur Scheiße herausquillt, kann nicht Manna und Himmelsnektar hineingelangt sein. Je mehr wir Satten uns um unser leibliches Wohl sorgen, desto beschissener wird unsere „geistige Nahrung", wo doch der Mensch eher vom Wort lebt als von Brot und Wein und Schwein allein.

„Popkultur" heißt heute so etwas wie „Superfood" plus Trivialliteratur. Yogaschüler bei Magermilch-Joghurt, chemiefreie Rohköstler, Genuss-Spiritisten, körnerfressende Gesundheitskoitierer gelten als die heroischen Askese-Hedonisten unserer Tage. Aber warum machen Vegetarier und Veganer bei Tieren Halt? Sind Pflanzen nicht ebenso geschundene Lebewesen, die es vor uns Schädlingen zu retten gilt?

„Hunde, wollt ihr ewig leben?"
Aber pumperlfit sterben.

Die verpasste oder vermasselte *Revolution* „nach vorn" führte über bloßen *Reformismus* zurück in die „Jugend- und *Reformbewegung*" vor einem Jahrhundert und endete „mit einem leisen Winseln" im *Reformhaus* um die Ecke, also eher noch im Irren- und Krankenhaus als in einem halbwegs lebensfähig anarchistischen Wirts- und Freudenhaus.

Kurzum : Die Armen können sich auch weiterhin nur giftig billiges Discounter-Junkfood leisten, die Begüterteren leben und sterben bioteuer und naturwissenschaftskorrekt, aber eben geisteskrank. Was zu beweisen war.

Obst, Gemüse und Bewegung! − Ja, Fressen in die Fressen pressen und nicht vergessen zu messen?

Die Gesundheit ist derzeit wohl am nachhaltigsten bedroht durch einen psychotischen Nahrungswahn. Der ist Teil einer allein in Hochindustrie-Nationen grassierenden mittelständischen Selbstoptimierungsmanie durch Fitness und Wellness, Achtsamkeitsmeditation, Karriere-Zen, „Hygge"-Hype etc.

(Die Selbstoptimierung lässt sich inzwischen nochmals optimieren durch deren eigene Selbstkritik.)

Körperliches Gesundheitsbewusstsein wird nachgerade zu einer Form von Essstörung. Der Satte hat seine Sattheit satt und entwickelt einen Appetit auf gesunden Bärenhunger.

Fazit : Flow is show and low. Nur geistiger Höchststress produziert *geistige Nahrung*, von der und für die es wert ist zu leben und den Selbsterhaltungstrieb zu füttern. Die Gastronomie ist wohl weniger der Sinn der Astronomie als umgekehrt.

Was vorrangig fehlt, ist nicht gesünderes Tierfutter, sondern besseres Lesefutter. Stefan Andres : „Der deutsche Mann liest nicht“, sondern frisst und säuft. Eine *nachhaltige* Ökologie geistiger Nahrung steht noch aus samt „philologischem Anbau“. Kraftsport ohne Denksport? Leibliches Wohl ist heut nur noch geistiges Wehe.

Plädieren wir nur für Beobachtung der Naturgesetze, also für Beachtung der biblischen Ernährungstipps. Das sättigt und heilt preiswert zugleich und hält Leib und Seele zusammen, damit voller Bauch nicht mit leerem Kopf studiert.

Aphoristische Philosophie,
philosophischer Aphorismus

Die *Lebensphilosophie* war und machte nicht sehr lebendig, und die *Existenzphilosophie* sicherte nicht einmal das nackte Existenzminimum. „Die meisten Menschen leben nicht, sie existieren nur." (Wilde)

Die *Phänomenologie* war ein Phänomen, aber ein viel zu betulich geschärftes Messer, um scharfsinnig schneidend zu wirken. Sie kam eidetisch nie zur Sache und zum Wesentlichen, das gesellschaftlich sein Unwesen treibt; die Unwesenshow hat Erfolg.

Die angelsächsich *Analytische Philosophie* kommt ohne Psychoanalyse zu nicht sehr tief(gründig)en Gedanken und verzettelt sich als ein akademischer Common Sense in Spezialproblemen, statt kurz und bündig zur Ursache des großen Ganzen zu kommen.

Der *Strukturalismus* war eine Systemtheorie, die wie jede *Sozialphilosophie* kaum jemals zum zweifelhaften Individuum und fragwürdigen Subjekt vorstieß.

Der *Positivismus*, ob Neo- oder Retro-, verkam zum positiven Denken ohne das Salz negativer Dialektik.

„Kommunikatives Handeln" als Konsensaktivismus machte ein listenreich individuelles Unterlaufen von gesellschaftlichen Systemen nie zum Thema.

„Philosophie des Geistes" ist bisher nicht geistreich genug, um sich so nennen zu dürfen, wenn sie nicht Hirnforschung oder Neuronenbiologie werden will.

Konstruktivismus hat bisher kein einziges Bonmot aus einer Hirnzelle befreit, sondern nur unsere Weltbilder aus geistlosen Köpfen abgeleitet.

Idealismus hat es nun mehr mit Subjektivismus zu tun und mit wertfreien Idealwerten statt mit frischen Ideen. *Materialismus* führt eher zur Verstopfung des Geistes und der *Realismus* zum Verrat an Ideen.

Die *Metaphysik* verkam inzwischen von klassischer *Ontotheologie* zu einer metalinguistisch verdünnten Sprach(spiel)philosophie von Stammlern.

Meta-Ethik und *Moralphilosophie* kommen schon ganz ohne Traditionen europäischer Moralistik aus.

Naturphilosophie wurde bloße Naturwissenschafts-theorie oder ökologistische Ideologie statt Lehre von menschlichem Naturell in giftgrüner Natur.

Kosmologie ohne chaotische aphoristische Quanten sucht die Weltformel der „Great unified theory of everything" (GUT) nur in einer Relativitätstheorie ohne gnomische „Superstrings".

Ästhetik ist die Kunst zu sagen, dass nur noch Kunst sei, was Künstler dazu erklären, und kommt schon ohne Realparadoxe aus wie die Formale Logik.

Die *Erkenntnistheorie* als Form der Wissenschafts-theorie vermisst keine Gnome (griech. ´Erkenntnis´) und Gnomologien, weil sie nicht mehr unschlicht-bare Konflikte zwischen nomothetischer Naturwis-senschaft und idiographischer Kulturwissenschaft, zwischen Herde und Individuum (an)erkennen will.

Geschichtsphilosophie ist längst ersetzt durch Histo-risierungen, welche die Geschichte der Geschichts-feinde und Geschichtsfluchten gern unterschlagen.

Kulturphilosophie beschäftigt sich nicht mit sozialer Virtuosität kultivierter Individuen und Salons.

„Gesellschaftsphilosophie" verschweigt gewöhnlich die asozialen Sophisten und Subjekte der Bohème.

Wissenschaftsphilosophie bleibt ohne Witz an der Sache und *Religionsphilosophie* ohne Gesetz Gottes wie *Sozialphilosophie* nun ohne fundamentalistische Unterschicht, die längst aus dem Fokus rutschte.

Was ist eine *Wirtschaftsphilosophie* ohne Arbeiter, Arbeitslose und „arbeitsscheues Gesindel", was eine *Bildungsphilosophie* als bloße Ausbildungskultur voll medialem Bilderkult?

Wäre eine *philosophische Anthropologie* ohne die moralistische Menschenkunde überhaupt möglich?

Die *Kritische Theorie* der „Frankfurter Schule für Sozialforschung" hatte besonders bei Adorno den Aphorismus, aus der Feuilletonflachheit befreit, als genuin philosophische Form wiederentdeckt und in negativer Dialektik gegen geistige und gesellschaftliche Zwangssysteme aufgeboten wie philosophisch ausdrücklich gerechtfertigt. Die Methode der unmethodischen Sentenz ist eine literarische Kunstform ohne argumentative Begründungszusammenhänge, kein wissenschaftlicher Protokoll- und Basissatz.

Gerhard Neumanns „Ideenparadiese" (1976) verorteten das aphoristische Jahrzehnt in der „kopernikanischen Wende" zum transzendentalen Kritizismus Kants, wo Sinnlichkeit und Verstand unversöhnlich einander herausfordern zum unschlichtbaren Konflikt von anschaulicher Erfahrung und reiner Vernunft, dem aphoristischen Alleinstellungsmerkmal.

Hegel suchte diesen Urkonflikt objektiv-idealistisch aufzuheben in ein geistiges Bezugssystem, aus dem Fr. Schlegels frühromantische Fragmente subjektiv wieder ausbrachen, was der Nietzscheaner Adorno dialektisch zur „bestimmten Negation" verschärfte.

Der philosophische Fragmentarismus triumphierte sowohl in Wittgensteins atomistischen „Sprachspielen" als auch in Adornos dialektischen Senzenzen wie in Nietzsches ideologiekritischen Bonmots. Alle drei finden keine berufsphilosophischen Fortsetzer mehr und fristen nur außerakademische Untergrundexistenzen als dubiose Apokryphen.

Martin Seels „Theorien" und „Gedankenspiele" sind vielleicht Ausnahmen, welche diese traurige Regel nur bestätigen.

Open end?

Der Einzelne kann nur winzige Bohrungen an dem uralten Fels vornehmen, um auf wertvolle Erze und geheime Einschlüsse zu stoßen, geologische Formationen als Tore in Vorvergangenheiten. Versuchsballons lässt er in die Stratosphären steigen.

Die Sprache versucht da, was bisher noch nicht versucht wurde, um Zufallsvariationen denkbaren Sinn zuschreiben zu können: Ein Wechselspiel von Phantasie und Verstand, Kombinatorik am Schloß zum Mysterium, die Sesamworte zu Wortschatzkammern und auf Fruchtbarkeit testbare Arbeitshypothesen.

Hier rundet sich nichts zu einem Wertesystem, aber zum Individualsystem einer Person, deren Gesichtskreis nur aus potentiell unendlich vielen Ecken und Kanten sich fügen will und nicht vorschnell rundet.

Philosophische Spezialisten haben sich inzwischen dem bildungsbürgerlichen Publikum entzogen und entfremdet. In der Wissenschaft sprechen Experten zu Experten, aber Philosophie ist eher eine Kunst als eine Wissenschaft, wie Schopenhauer wusste. Ihre bildungsbürgerlichen Adressaten kann sie ja nicht wiederfinden durch herablassende Popularisierung esoterischer Bemühungen oder durch dilettantische Synthesen wissenschaftlicher Weltbilder, sondern eher durch Rückgang auf verschüttete Traditionen der europäischen Moralistik, welche die theoretische *und* praktische Philosophie erweiterten Reflexionsspiralen unterwarf, ohne in Spezialterminologien sich einzumauern und den umgangssprachlichen Bezug zum Laien zu verlieren.

Philosophie ist allzu wissenschaftlich betulich und kleinbürgerlich bieder geworden. Berge kreißen, und Mäuse werden geboren auf Universitäten, falls nicht ohnehin nur den gesellschaftlich erfolgreichen Naturwissenschaften zugearbeitet wird. − Platons *Gigantomachia* ums Sein in voraristotelischen Dialogkünsten des „Sophistes" ist so gut wie vergessen. Und Philosophie sollte nicht nur dem Fachmann, sondern auch dem interessierten Amateur nur Neues bringen und nicht nur hochspezialisierte Banalitäten.

Wenn die europäische Philosophiegeschichte laut Whitehead aus einer Reihe von „Fußnoten zu Plato" besteht, dann sollten diese Fußnoten auch zur Abwechslung einmal wieder platonische Ideen werden, spezielle „Species" von Geistesblitzen und Weltgesichtern. Man sieht, wie jedes aussieht − im Lichte von dessen Ideen. Nicht ein einziger großer Wurf (oder eiserner Begriffsgriff) ist heute mehr gefragt, sondern lasst tausend Redeblumen blühen! Je mehr kleine Versuche ins Blaue, desto mehr Treffer, und Kleinvieh macht auch Mist. Ein großer Schatz ist auch aus Lichtenbergs „Pfennigwahrheiten" aufzuhäufen, und der Fortschritt ist kein „Panthersprung nach Agadir", sondern verlässlicher aus zahllosen Trippelschrittchen zu schaffen und die längste Kette aus immer neuen Gliedern zu schmieden.

Wenn der Makrokosmos durch Einsteins Relativitätstheorie beschreibbar scheint, dann ist „GUT", die „große vereinheitlichte Feldtheorie von allem" nicht ohne Heisenbergs Quantentheorie des Mikrokosmos zu haben. Moralistische Aphoristik bietet gleichsam die Quantenpraxis der Philosophie.

Und Hegels absolutes Geistessystem verfehlt die „Weltformel" ohne eine spiegelbildliche Ergänzung durch Fr. Schlegels und Nietzsches Fragmente. Der Große Sprung integriert unzählige Quantensprünge, und die große Sphärenharmonie erklingt aus unzähligen schwingenden Saiten der „Superstringtheorie" (oder der „Quantenschleifengravitation"), vielleicht schon in naher Zukunft …

Böses tut gut, doch Guttun ist noch nicht böse,
und Gutes zu tun tut nicht gut, doch nicht guttun
ist noch nichts Gutes.

Der proletarische Intellektuelle als Utopie

Hier soll noch einmal das philosophische Individuum als „totaler Intellektueller" gegen den „kollektiven Intellektuellen" (Pierre Bourdieu) verteidigt werden. Dieser „Tui" (Brecht) deckt noch einmal alle soziokulturellen Felder ab, indem er sie auf das Verhältnis von Religion, Literatur und Philosophie zur Gesellschaft und Geschichte reduziert. Das intellektuelle Individuum ist mit proletarischer Herkunft seinen bürgerlichen Konkurrenten geistesaristokratisch voraus, indem er sein Recht gegen ihre Macht setzt. Der proletarische Intellektuelle (PI) totalisiert sich, indem er die bürgerliche Kultur kennt und sie gegen sich selber wendet. Er integriert, was Hegel den „absoluten Geist" jenseits von Gesellschaft und Geschichte nennt : Kunst (qua Literatur), Religion (qua Monotheismus) und Philosophie („absolutes Wissen"). Solch proletaristisches Philosophieren ist nicht mehr „Sozialismus" und „dialektischer Materialismus", sondern monotheistisch fundierte Metaphysik zwischen psychoanalytisch dekonstruierter Philosophiegeschichte, europäischer Moralistik und dem Idyllizismus von Formaler Logik wie poetischer Naturästhetik : Logos, Physis und Psyche.

Sie bleibt politisch desengagiert als ein kritisches Bewusstsein, welches Politik und Zeitgeschichte im Lichte des Gottesgesetzes beurteilt, dessen Restauration gefordert ist. Literatur popularisiert dort ihre Metaphysik in Erzählwerken, Dialogen, Gedichten und Aphorismen. Wenn der PI von unten sich mit dem Gesetz des Allmächtigen von oben verbündet, hat er das morali(sti)sche Recht gegen die gesellschaftliche Macht auf seiner Seite und teilt nicht die übliche Vermischung von Spießer und Volk durch bürgerliche Intellektuelle, sondern wendet sich gegen bürgerliche „Tuis", ante- wie anti-intellektuelle Proletarier und gutbürgerliche Pfeffersäcke zugleich und nimmt einen Geistesadel gegen sie in Anspruch.

Als Autodidakt ist der PI ein Außenseiter aller bürgerlichen Institutionen, Akademien, Verlage, Hochschulen und ohne deren Rückendeckung ein geborener „Selfpublisher" seiner Elaborate, gleichsam das proletarische Pendant des *„totalen Intellektuellen"*, wie Pierre Bourdieu ihn 1980 in der Jahrhundertfigur eines Jean-Paul Sartre treffend kritisiert hatte.

Wie der Kyniker Diogenes von Sinope als „rasender Sokrates" charakterisiert wurde, inthronisiert sich das intellektuelle Individuum einer utopischen Zukunft gleichsam als ein proletarischer Sartre, denn die Bürger wussten, was sie an Sartre hatten, und wissen nicht, was sie an einem proletarischen Intellektuellen nicht haben (werden).

Mit psychoanalytischer Philosophie-Dekonstruktion und literarischer Moralistik in aphoristischer Philosophie ist der intellektuelle Einzelkämpfer aus der Unterschicht seinen gutbürgerlichen Rivalen immer eine aristokratische Nasenlänge voraus durch Bindung an das Gesetz Gottes und durch satirische Dekonstruktion ihrer geistigen und gesellschaftlichen Systeme, von ihnen abgehoben durch transzendente Bindung, transzendentalkritische Satire und virtuos dekonstruierende Distanzierungs- und Immunisierungsstrategien. Stets bleibt ein geistiger Vorbehalt.

Der PI widerlegt gegnerische und klassenfeindliche Bezugssysteme nicht durch Begründungen, sondern indem er sie der argumentationsunwürdigen Lächerlichkeit preisgibt und sie urkomisch findet, weil sie sich vor dem eigenen hohen Anspruch blamieren. Er hat den Spott, sie haben den Schaden. Er widerlegt nicht im argumentativen Diskurs, sondern sucht zu zeigen, dass der Gegner gar nicht ernst zu nehmen ist, weil er Grundvoraussetzungen einer rationalen, gewaltfreien und zwanglosen „Kommunikation" à la Habermas gar nicht erfüllt. – Kulturentertainment.

Man macht sich da lustig über Lästiges, das einem soziale Lasten aufbürdet und die Last nicht auf sich nehmen will, sie vom Widersacher abzuschütteln.

Bürgerliche Kultur ist eo ipso lachhaft, weil sie sich ernst nimmt und von ihren Sklaven ernst genommen werden will, wo sie krampfhaft vor sich selbst und vor ihren Sklaven verbirgt, nur Unterhaltung oder Sklavenhalterlegitimation zu sein. Der PI sieht die stolz(ierend)en und sich überlegen dünkenden Bildungsbürger gerne ausrutschen auf ihren eigenen Ansprüchen und nutzt diesen Fall des Gegners ins Primitivere für eigenen Wiederaufschwung auf ein überlegenes emanzipiertes Niveau der Auseinandersetzung und des kulturellen Klassenkampfes, wo dieses „Kulturkapital" einmal ins Rutschen kommt.

Während der Klassensatiriker die Schadenfreude des vermeintlich Primitiven genießt über den Sturz des Gegners ins Primitivere, genießt der proletarische Humorist, eine noch jüngere Errungenschaft als der bürgerliche Humorist seit Chaucer, die freie Beweglichkeit dieser geschmeidigen Sprünge zwischen verschiedensten Kulturniveaus oben und unten. Die Unterschicht überrascht plötzlich mit überragender Hochkultur gegen eine sich als Trivialkultur entpuppende Mittel- und Oberschicht : Ist das nun Satire?

Souveränes Spiel mit allen Kulturniveaus zwischen Pop, Prolls und Eierkopf-High-brows, zwischen den *restringierten* und *elaborierten Codes* (Bernstein) und den „feinen Unterschieden" (Bourdieu) zwischen den vorgeblich Feinsinnigeren und den vermeintlich Grobschlächtigeren. Der Freibewegliche ist sogar den Überlegenen (und seiner eigenen Überlegenheit) überlegen durch seine souveräne Fähigkeit, die Niveaus zu vertauschen, zu entlarven, zu dekonstruieren, sie gegeneinander auszuspielen und nach Bedarf zu veralbern, als Rache des kleinen Mannes am Mächtigeren gleichsam.

Philosophische Aphorismen, also Philosophorismen, sind „sinnige Witze, die zum Nachdenken herausfordern und trotzdem Lust schenken." (*Hermann Schmitz* : „Der unerschöpfliche Gegenstand", Bonn 1995, S. 166) „Das Ausrutschen ist die Seite der Verblüffung, das Sichfangen die Seite des Kapierens am Witz." (a.a.O., S. 164) „ Die prompte Auflösung der Verwirrung ist der mit der Preisgabe verschmelzende Triumph und löst das Gelächter aus." (a.a.O., S. 165) „ … die Witzlust ist am größten, wenn die Gefahr, den Boden personaler Emanzipation durch geistige Verwirrung unter den Füßen zu verlieren, erst gespürt wird, wenn auch schon der Triumph über sie genossen werden kann." (a.a.O., S. 165)

Das publizierte Gesamtwerk

Das Gesamtwerk entfaltet sich unterm *monotheistisch* „Heiligen" im traditionellen Dreischritt von *Logik* (Wahres), *Physik* (Naturschönes) und *Ethik* (moralistisch Gutes) zwischen der Philosophie und Literatur.

1. Theologisch *Heiliges* :
„Der Ewige und Sein Urprojekt − *Religionsphilosophisch-metapolitische Reflexionen*"

2. Logisch *Wahres*
('Dritte Welt' der Gedanken) :
„Sind Physik, Musik und Mystik die Ethik
der mathematischen Logik?"

3. Ästhetisch *Schönes* (Physisches) :
„Zur Dialektik und Phänomenologie
der Natur- und Kulturidyllen"

Logik *(Ideelles)* und Ästhetik *(Physisches)* fallen unter **Idyllen**, die gemeinsam dem *Psychischen* der moralistischen **Satiren** kontrastieren.

Diese satirische Moralistik entfaltet sich ihrerseits als psychologische Ethik in sieben Sorten von literarisch-philosophischen „Sprachspielen" :

1. **Philosophie** (Zwei Bände) :
    „Objektivität durch Subjektivität
    oder umgekehrt?" *(Erkenntnistheorie)*
    „Gedankenlesen : Hirnforschung
    ohne Computertomographen –
    *Philosophie zwischen Wissenschaft,
    Kunst und Religion*"

2. **Tiefenpsychologie**
    der Philosophiegeschichte (Drei Bände) :
    „Die Liebhaber der Sophie – *Philosophie-
    geschichte in Philosophengeschichten*"
    „Wenn die Seele auf den Geist geht –
    Chronik der unbewussten Weltbilder"
    „Martin Heidegger – Versuch
    einer Psychoanalyse seines *Seyns*"

3. **Proletarismus** (Ein Band) :
    „Mann und Frau machen sich frei –
    voreinander und voneinander :
    Geschlechterkrieg oder Klassenkampf?"

4. Fünf **gesellschafts- und kulturkritische
    Essaybände** :
    „Künste und Wissenschaften
    als verlorene Paradiese"
    „Ist *philosophical correctness* eine
    Kommunikationswissenschaft?"
    „Esprit und Geisteswissenschaften"
    „Originell sein : Vergessenes plagiieren"
    „Wer sich selber kennt, wird nichts mehr"

5. Satirische **Moralistik** (ein Band Sekundär-
literatur, sechs Bände Primärliteratur) :
„Aphorismus − Philosophischer Gehalt in
literarischer Gestalt"
„Mit einem Satz ins Freie"
„Quanten, Quarks und Strings im Kopf"
„Aphorismen zur Zeitaltersweisheit"
„Philosophische Formelsammlung"
„Zwergrätsel, Satiren und Zwickmühlen"
(1. Auswahl aus mehreren separaten
         Aphorismenbänden)
„Aphorismen, Bonmots und Reflexionen"
(2. Auswahl aus mehreren separaten
         Aphorismenbänden)

6. **Fragmente** (Zwei Bände Reflexionen) :
„Aufzeichnungen
aus dem Schwarzen Loch"
„Aufzeichnungen aus dem Mauseloch"

7. **Literatur** (Ein Band Lyrisches
und drei Bände Erzählerisches) :

„An sein Innerstes erinnert sich keiner −
Nicht ganz dichte Gedichte"
„Wer fällt, gefällt − Aus dem schönen
Leben des Gebrauchsdenkers Ingo K."
„Nur in der Fremde fühle ich Fernweh −
Idyllischer Roman"
„Angeln beruhigt −
weder Fische noch Würmer"

Kitzekleine Glücksspielsachen

Das Nichts : gewogen und zu leicht gefunden.
Das Soll : gewogen und zu schwer befunden.
Das Werk : gewogen und zu seicht gesucht.

Endlich fiel der *Groschen* auch bei mir,
doch auf den *Cent* ins Bodenlose.

Jeder kann wollen, was er denkt,
aber nicht, was er tut.

Normalverbraucher entstehen,
wenn Irre sich zum Narren machen.

Geheimdienste sind Dienstgeheimnisse,
die Heim und Heimat geheimnisleer bedienen.

Tweets : dicke Wälzer der Nichtssagenden.

Wer Unrecht haben will,
muss noch kein Christ sein.

Paranoia heißt : Meine Gedanken
und Interessen wähnen sich von mir verfolgt.

Ein Ideal sollte nicht durch Verwirklichung auf
die Ebene der Realität heruntergezogen werden,
sondern die Realität nur auf neue Ideen bringen.

Gefühle entstehen,
wenn sie Mathematik nicht verstehen.

Je mehr Unfug die kleinen Racker treiben,
desto sinnloser rackern sie sich später ab.

Vielweiberei ist ein Herrscherprivileg, wenn sie
keine Haremsphantasie monogamer Welten ist.
Westlichen Herren wird schon eine einzige Frau
leicht zuviel, doch sie verbieten Polyandrie.

Der (Um-)Weltuntergang würde auch nicht viel
ändern an unserem Leben.

Aphorismen : sinnfreie Wortspiele geben
erfahrbaren Lebenszufällen sinnlichen Sinn.

Warum mit Fernseher in die Ferne schweifen?

Wer Einsicht gewinnt, verliert sein Gesicht u. u.

Auf Englisch reden und schreiben heißt,
mit seinem Latein am Ende zu sein.

Das Sein der Weisen ist der Wein ihres
Anstoßens auf das Nein des Verstoßes.

Entsteht Weltraum für seine Stars,
wo der Schöpfer sich vor Lachen krümmt?

Volksvertreter ziehen durch die Lande,
um das Volk teuer für klug zu verkaufen.

Gut (oder böse) genug sind nur jene,
die sich nicht so finden.

Treue sollte mehr sein als eine Suchtkrankheit.

Ich habe nie begriffen, warum mein Beruf
so ergriffen ist von mir. Auf die Ergreifung
eines Berufes ist keine Belohnung ausgesetzt.

Was es gibt, steht nur im Weg.

Zurück zur Statur, Literatur oder Makulatur!?

Glaube: ein Schlüsselerlebnis vorm Himmelstor

Bei Tragödien mündet aller Redefluss ins
Tränenmeer, bei Maklern ins Häusermeer.

Kann man Täter nur noch zum Gerede stellen?

Der arme Poet betrachtet sich gern
im alten Dichterfürstenspiegel.

Die Hauptrolle spielt selten das Haupt,
sondern Selbstbehauptung kopfferner Glieder.

Der Mensch hat zwei Augen, um eins zuzu-
drücken, zwei Ohren und eins als Ausgang.

Der Kosmos ist für Chaoten das Chaos.

Das *finsterste Mittelalter* war Heilmittel
gegen Zurückgebliebenheit der Antike und
gegen Atombomben von Morgen zugleich.

Der Kopf ist eine Herde von Hirnzellen
mit gefangenen Ideen wider den Herdentrieb.

Nietzsches Paradoxe geistesblitzten
zwischen Hegels und Freges Logiken.

Moral heißt nicht, dass auch dir guttun muss,
was mir guttun kann.

Experten stammen ab von Erziehungslaien.

Moraltrompeter übertönen lauter Moralflötisten.

Das Hybrid-Auto ist die Hybris des E-Mobils.

Askese gilt nun als sexueller Selbstmissbrauch.

Und was nimmt die einsame Insel mit
auf den Ozean oder dessen Grund?

Psychologen deuten undeutliche Nachtträume,
Philosophen eher bedeutende Tagträume.

Wer den Kopf in den Treibsand steckt,
kommt und denkt auch langsam weiter.

Propheten sind vorsichtige Nahseher,
Philosophen nachsichtige Nachherseher.

Aphorismen? Mein Gesichtskreis hat eben
nur unendlich viele Ecken und Kanten.

Am Ende war das Bonmot,
dass im Anfang das Wort „Bonmot" war.

Das Kind einer alleinerziehenden Mutterspra-
che hält Vatersprache für eine Fremdsprache.

Kommen Geistesblitze aus erneuerbaren
Energien oder fossilen Brennstoffen?

Unsere schöne Kunst kommt aus dem Korb,
den uns schöne Frauen geben, Genossen!

Greise leben, solang sie am Trimmgerät kleben.

Kommt Schwermut, Kleinmut oder Demut
denn vor dem Aufstieg?

Man steigt täglich in den gleichen Redefluss,
lieber *Heraklit*.

Welcher Geistesadel hat noch Brille,
Buch oder Eule im Wappen?

Das Wichtigste an der Welt in hundert Jahren
scheint mir, dass ich sie nicht erleben muss
oder darf.

Gedankenketten schmücken die Denker
und fesseln die Lenker.

„Gott ist tot", sagt der nur untote Mensch.

Wer bis drei erzählen kann, schreibt Trilogien?

„Der Geist besiegt den Körper",
aber sind Körper kopflos?

Wollen wir Partner, die uns fesseln, nie freien?

Forscher : Erfinder neuer Vorurteile über alte.

Man hält sein Leben immer länger für zu kurz.

Geistiges Neuland bleibt unbewohnt
oder lange dünn besiedelt.

Gibt es (Un-)Wahrheiten,
die nicht wahrnehmbar sind?

Ruhekissen haben keine Lorbeerenfüllung.

Gut ist ein nicht ganz dichtes Gedicht,
das aber nicht offen für alle(s) ist.

Man wechselt und verwechselt gern Ruhestand
mit Stillstand, Beistand, Verstand und Abstand.

Niemand kann an seinen Hirntod
als keinen Weltuntergang denken.

Seit das Schauspielhaus zum Irren-, Schlacht-
und Freudenhaus wurde, guckt man sich lieber
seine Alltagskomödien an.

Polite Police Correctness würde genügen.

Werde Buchhalter, der sich nicht nur
sein Scheckbuch richtig vor Augen hält!

Welt- und Umweltbürger: Volk ohne Weltraum.

Sei so frei, aus deinem Geschick eine Geschick-
lichkeit zu machen, die sich nicht schickt!

Geistesgegenwart ist Vergangenheitsplanung
durch Zukunftserinnerungen oder widerwärtig.

Die meisten schuften aus Angst vor Langeweile
statt vor Armut. Einige faulenzen aus Angst vor
Rummel, Rackern und Reichtum.

Depressive und Trauernde sollten sich trösten
durch Trauerspiele und Komödien meiden.

Der Jagdgrund eines Jägers ist es nicht,
sich immer neue Jagdgründe zu suchen.

Muße tut das Rechte schlechten Gewissens,
Arbeit guten Gewissens sich Unrecht.

Wie können schlechte Menschen
von guten Affen abstammen?

Mehr Schein als Sein : Lieber Geldschein als
Heldsein. Ist das Sein ein Augenscheinwerfer?

Wird so wenig Gutes getan,
weil es gefährlicher oder peinlicher ist?

Man kann nichts (ver)suchen,
ohne etwas anderes finden zu wollen.

Es gäbe keine Familien, wenn Liebende nicht
zehn Jahre brauchten, um sich kennenzulernen.

Untätige tun gewiss das Rechte schlechten
Gewissens, Untäter Unrecht guten Gewissens.

Unsichtbar ist nur Unverdecktes. Man hüllt sich
in Nacktheit und zeigt sich verschleiert.

Dem Vernehmen nach ist der Mensch vernunft-
begabt. Er gibt einen guten Vernehmer.

Mann und Frau passen eher ineinander
als zueinander, wenn keiner sich anpasst.

Lernen Bilder laufen, stagniert die Bildung.

Lauter Stille ist noch nicht stille Lauterkeit.

Es irrt kein Mensch, solang er nicht strebt.

Würger haben die Welt durch Begriff im Griff.

Breiter Redefluss macht messerscharfen
Verstand schnell rostig.

Wer nicht will, der hat eben schon – vergeblich
gewollt. Im Land der Gelichter und Kränker ...

Humaner Humor ist Humus für Unmenschen.

Schaut und fasst man Äußeres an,
um Inneres zu begreifen, oder umgekehrt?

Kunststücke mit Kunststoffen wirken natürlich
in der Kunst wie natürliche Kunstfehler.

Gefangene brechen aus in Gelächter : Das Es
gibt keinen Gott. Er gibt nach und ergibt sich?

Im *Indian Summer* jagten Indianer Bären und
Weiße. Das Blut färbte die Bäume rot bis heute.

Das kaputte *Great Barrier Reef* überlebt im TV,
das kaputte TV-Gerät im *Great Barrier Reef*.

Wenn selbst eine *Mutter Teresa* der Armen oft
von depressiven Glaubenszweifeln gequält war,
ist Christentum nicht echt wo nicht sehr hart.

Wer die meiste Zeit hat (wie Unsterbliche),
ist stets in Zeitnot, sie totzuschlagen.

Familiengeist gibt es fast nur noch in Mafia-
Clans und Vetternwirtschaften.

Quizlink zu *Quisling* : Nicht jeder Mitarbeiter
ist ein Kollaborateur seines Chefs.

Die televisionäre Kabelschau von jeder alten
Gabelsau ist eine visionäre Nabelschau auf
einen Babelbau von immer neuem Fabelklau.

Mayor. Wer Bürger meistert, macht sie
zu seinen Lehrlingen und Gesellen.

Jemand geht in die Kirche,
sie macht ihn geistlicher und er sie weltlicher.

Petticoat zwischen Krinoline und Minirock
war die Lolitamode der Nachkriegszeit und
der swinging Unterrock des Rock'n Roll.

Jesus war *einer* für und gegen alle zugleich.

Klug stehen bleiben kann auch dumm gelaufen sein.

Einsam sind wir klug und schwach,
„gemeinsam sind wir stark" und dumm.

Ausnahmen sind nicht Böse wie Pol Pot,
sondern Gute wie Gandhi.

Weiterführendes vom Autor

„Martin Heidegger –
Versuch einer Psychoanalyse seines *Seyns"*, 1993

„Objektivität durch Subjektivität oder umgekehrt? –
*Phänomenologischer Entwurf
einer dekonstruierten Erkenntnistheorie"*, 1999

„Künste und Wissenschaften als verlorene Paradiese –
Essays zur Bedeutung der Kultur-Idyllen", 2000

„Der Mensch ist, was er verg-isst /
Kosmostheorie oder Gemeinschaftspraxis“, 2007

„Philosophische Formelsammlung :
*Ambivalente Gedankenexperimente und nachsokratische
Fragmente"*, Verlag Königshausen & Neumann, 2012

„Die Liebhaber der Sophie –
Philosophiegeschichte in Philosophengeschichten", 2013

„Aphorismen zur Zeitaltersweisheit –
Kopfverdreher, Kopfzerbrecher“, 2014

„Ist *Philosophical Correctness* eine Kommunikations-
wissenschaft? *Versuch über moderne Versuchungen*",
2015

„Zur Dialektik und Phänomenologie
der Natur- und Kultur-Idyllen", 2015

„Esprit und Geisteswissenschaften – *Wechselwirkungen
zwischen Kunst, Philosophie und Psychologie*", 2016

„Mit einem Satz ins Freie – *Reflexionen, Urteile
und Sentenzen*",   2. überarbeitete Auflage, 2016

„Zwergrätsel, Satiren und Zwickmühlen –
Auswahl von Aphorismen", 2017

„Wenn die Seele auf den Geist geht –
Chronik der unbewussten Weltbilder", 2018

„Aphorismen, Bonmots und Reflexionen –
Neue Auswahl aus mehreren Bänden, 2019

„Originell sein heißt, Vergessenes plagiieren –
Philosophische Essays", 2019

„Angeln beruhigt – weder Fische noch Würmer", 2019